Mr. Jervis

Vol. 2

BM Croker

Writat

Diese Ausgabe erschien im Jahr 2024

ISBN: 9789359948669

Herausgegeben von
Writat
E-Mail: info@writat.com

Inhalt

Kapitel XVII.
„Nehmen Sie den Rat eines Freundes an.“

Sarabella-Brande war eine wirklich stolze Frau, als sie die Besichtigung ihrer Nichte abschloss, bevor die junge Dame zum ersten Mal in der Öffentlichkeit auftrat. An diesem frischen weißen Kleid, dem hübschen Hut, den hübschen Handschuhen und dem Sonnenschirm war nichts auszusetzen – außer dass sie sich etwas mehr Farbe gewünscht *hätte* ; Aber was Honor in dieser Hinsicht fehlte, machte ihre Tante großzügig in ihrer eigenen Person wett, in Form einer kobaltblauen Seide, reichlich mit Goldstickereien besetzt, und einer leuchtend blauen und gelben Haube. Zwei Rikschas waren anwesend, eine prächtige neue mit Kautschukreifen und vier farbenfrohe Jampannis, alle im Dienst der „Miss Sahib“. Mrs. Brande ging voran und sauste mit einer Geschwindigkeit von sieben Meilen pro Stunde über die glatte Clubstraße, in einem Winkel von fünfundvierzig Grad zurückgelehnt, und ihre Motorhaubenfedern wehten triumphierend über der Rückseite ihres Fahrzeugs. Der Club war das Zentrum, das soziale Herz oder der Puls von Shirani. Es enthielt Räume zum Lesen, Schreiben, Tanzen, zum Karten- oder Billardspielen oder zum Teetrinken.

Draußen verlief eine lange Veranda mit unförmigen Korbstühlen, von der aus man auf die Tennisplätze und Gärten blickte und einen herrlichen Blick auf den Schnee hatte.

Die sechs Tennisplätze waren voll, die Band der Scorpions spielte gerade die letzte neue Gavotte, als Mrs. Brande mit erhobenem Kopf auf sie zukam, dicht gefolgt von ihrer Nichte und Captain Waring. Sie hatte das Gefühl, dass jeder Blick, und insbesondere der Blick von Frau Langrishe, auf sie gerichtet war und dass sie dem Anlass vollkommen gewachsen war. Mrs. Langrishe, tadellos in ein französisches Kostüm gekleidet und ein Musterbeispiel eleganter Sorgfalt, murmelte ihrem Begleiter, Sir Gloster Sandilands:

„Eigentlich kein schlecht aussehendes Mädchen; *überhaupt* nicht unvorzeigbar, sondern blass“, und sie lächelte mit tödlicher Bedeutung, ohne zu ahnen, dass ihr schwaches Lob den Baronet auf der Stelle zu Honor lockte. Dann erhob sie sich, raschelte mit viel Stirnrunzeln in seidenen Unterröcken hinunter und sprach ihre Rivalin mit Ausdrücken heuchlerischer Freude an.

"Wo *bist* du gewesen?" sie erkundigte sich. „Wir dachten, Sie wären in Quarantäne; aber wenn ich dich ansehe, brauche ich nicht zu fragen, wie es dir geht? Bitte stellen Sie mir Ihre Nichte vor. Ich hoffe, dass sie und Lalla großartige Verbündete sein werden.“ Während sie sprach, musterte sie jedes

Detail von Honors Aussehen genau und verspürte einen unerwarteten Schmerz.

Das Mädchen war eine Dame, sie hatte eine anmutige Figur und ein strahlendes, kluges Gesicht; und man hatte der alten Frau nicht erlaubt, sie anzuziehen! Selbst ihr neugieriges Auge konnte an dieser einfachen Toilette keinen Fehler finden.

„Wie geht es Ihnen, Miss Gordon? Hattest du eine gute Überfahrt?" sie fragte urban.

"Ja Dankeschön."

Arcadia rausgekommen , und höchstwahrscheinlich mit einer Reihe von Leuten, die ich kenne, den Greys, den Bruces, den Lockyers."

„Kein Zweifel, das habe ich getan. Es waren dreihundert Passagiere."

„Und zweifellos hatten Sie eine sehr schöne Zeit und hatten eine Menge Spaß."

„Nein, ich kann mir nicht vorstellen, dass sich jemand an Bord des Schiffes vergnügt", entgegnete Honor und erinnerte sich noch lebhaft an verärgerte Kinder, die sich waschen und anziehen mussten, um der Gefahr aus dem Weg zu gehen.

"Oh!" mit einem mitleidigen, halb verächtlichen Lächeln: „Den ganzen Weg Seekrank?"

Honor schüttelte den Kopf.

„Nun, ich sehe, du wirst dich nicht festlegen", mit scherzhafter Miene, „aber ich werde von den Grauen alles über dich erfahren", und sie nickte bedeutsam, als wollte sie sagen: „Bitte, stell dir das nicht vor." Deine Ungeheuerlichkeiten werden *mir verborgen bleiben* !"

„Lalla!" zu ihrer Nichte, die im Mittelpunkt einer Gruppe von Männern stand: „Kommen Sie her und lassen Sie sich Miss Gordon vorstellen."

Lalla schlenderte widerstrebend vorwärts, mit der Miene einer sozialen Märtyrerin.

„Ich glaube, wir sind uns schon einmal begegnet", sagte Honor und streckte offen ihre Hand aus.

Miss Paske starrte mit einer Art leerem Gesichtsausdruck, hob ihre Augenbrauen und sagte:

"Ich denke nicht." Aber sie machte auch schnell ein kleines Zeichen.

Unglücklicherweise hatte sie es mit einem Mädchen zu tun, das solche Signale nicht lesen konnte und das mit klarer, weitreichender Stimme antwortete:

„Oh, erinnerst du dich nicht? Ich habe dich neulich vor dem Frühstück im Kiefernwald getroffen; Sie gehen mit Mr. Joy spazieren – sicherlich erinnern Sie sich, wie verzweifelt unsere Hunde gekämpft haben!"

Lalla war wütend auf diesen unbeholfenen Idioten und hasste sie von diesem Tag an zutiefst.

Mrs. Langrishe wurde zum ersten Mal auf Lallas frühe Spaziergänge aufmerksam, und ihre Lippen verzogen sich bedrohlich. Sie mochte diese morgendlichen *Tête-à-Têtes* mit einem mittellosen Federkopf wie Toby Joy nicht.

„Ah ja, jetzt, wo Sie es erwähnen, fällt es mir *wieder* ein", antwortete Miss Paske mit einer Miene, die andeutete, dass die Tatsache des Treffens eine äußerst erschöpfende geistige Anstrengung erforderte. „Aber du warst ja in *Deshabille* " (das war eine böswillige und verlogene Bemerkung), „und du siehst so ganz anders aus, wenn du angezogen bist!" Wie wird Ihnen Indien Ihrer Meinung nach gefallen?"

„Es ist noch zu früh, um es zu wissen."

„Ich sehe, dass Sie vorsichtig sind", mit einem kleinen höhnischen Grinsen; „Jetzt entscheide ich sofort, ob ich einen Ort oder eine Person mag oder nicht. Ich nehme an, dass du gern reitest?"

„Ich bin seit meiner Kindheit nie mehr geritten, aber ich hoffe, dass ich es lernen kann."

„Dann war das Reiten auf Captain Warings Pony Ihr erster Versuch. Wie lächerlich du ausgesehen hast! Ich fürchte, du bist mittlerweile zu alt, um Reiten zu lernen. Kannst du tanzen?"

„Ja, ich tanze sehr gern."

„Wie viele Ballkleider hast du mitgebracht?" forderte Miss Paske.

„Nur drei", antwortete der andere entschuldigend.

„Oh, sie werden reichlich sein. Indien ist nicht mehr das, was es war. Mädchen sitzen die halbe Nacht draußen. Lass nicht zu, dass deine Tante deine Kleider für dich auswählt, meine Liebe – in der Tat werden wir dir alle danken, wenn du dich für *ihre wählst* . Ich habe ein so schmerzhaftes Gefühl für Farben, dass mir eine grobe Kombination immer weh tut. Schauen Sie sich nur diese Chuprassi an, in hellem Scharlachrot, die vor einem leuchtend magentafarbenen Hintergrund – von Bourgainvillia – steht – der Kontrast ist ein Skandal. Ich muss wirklich jemanden bitten, den Mann zum

Weiterziehen zu bewegen. Hier kommt Sir Gloster. Wir werden gemeinsam zu ihm gehen und uns an ihn wenden", und sie ging weg.

„Ich nehme an, das ist der Neuzugang?" sagte Sir Gloster, ein großer, schwer aussehender junger Mann, der locker sitzende Kleidung und einen schäbigen weichen Filzhut trug und sich beim Gehen wälzte.

„Ja – das ist Miss Gordon, Mrs. Brandes Nichte. Sie hat ein halbes Dutzend und hat nach Hause geschrieben, um eines zu bekommen, und es heißt, sie habe nach dem schönsten gefragt; und die Leute hier, die für jeden Spitznamen haben, nennen sie ‚die Probe'."

"Exzellent!" rief Sir Gloster aus, „und eine erstklassige Probe. Sie könnte ihnen sagen, sie sollen noch ein paar weitere nach dem gleichen Muster einrichten."

„Ich gehe davon aus, dass wir vorerst genug finden werden", entgegnete Miss Paske ziemlich trocken .

„Haben alle Leute Spitznamen?"

"Die meisten von ihnen; diejenigen, die in irgendeiner Weise bemerkenswert sind", antwortete sie, während sie auf und ab gingen. „Der rotgesichtige Mann da drüben heißt ‚Sherry' und seine Frau – ich sehe sie nicht – ‚Bitters'. Kapitän Waring, der ungewöhnlich reich ist, wird „der Millionär" genannt; sein Cousin, der schöne junge Mann im Flanell, der sich eher im Hintergrund hält, ist „der arme Verwandte"; Miss Clegg wird „das Dâk-Bungalow-Geflügel" genannt, weil sie so knochig ist, und die vier Miss Abrahams, die immer in einer Reihe sitzen und, wie Sie bemerken, ein wenig dunkel sind, sind „die schneebedeckte Reichweite".

"Exzellent!" rief Sir Gloster.

„Der Mann, den Sie Kaffee trinken sehen", fuhr das lebhafte Mädchen fort, „mit dem großen, flachen Mahagonigesicht, ist ‚der Europa-Schinken' – ist das nicht ein schöner Name? Diese beiden Miss Valpys, die Mädchen mit den kurzen Haaren und den riesigen Hemdblusen, werden „die Jungs" genannt; Dieser rothaarige Jugendliche ist als „die rosafarbene Frau" bekannt, und die beiden Mrs. Robinsons sind jeweils „gute Mrs. Robinson" und „hübsche Mrs. Robinson"."

"Exzellent!" wiederholte der Baronet noch einmal. „Und ohne Zweifel haben Sie und ich – jedenfalls ich – einen neuen Namen bekommen und so etwas in der Art?"

„Oh nein", schüttelte sie den Kopf. „Außerdem", mit einem süßen, schmeichelhaften Lächeln, „gibt es an dir nichts, lächerlich zu machen."

Sie würde ihm auf keinen Fall sagen, dass er wegen seiner Größe „Double Gloster" genannt wurde.

Sir Gloster Sandilands war etwa dreißig Jahre alt, hatte rustikale Ideen, einen einfachen Geschmack und engstirnige Ansichten. Er war der einzige Sohn seiner Mutter, einer Witwe, die für strenge Ordnung bei ihm sorgte. Er liebte Damengesellschaften und Musik; und da sie eher langweilig und schwerfällig war, schätzte sie einen hübschen, lebhaften und amüsanten Begleiter sehr. Gefährten dieser Art waren ihm zu Hause nicht unbekannt, aber da sie im Allgemeinen ebenso mittellos wie charmant waren, hielt die Witwe Lady Sandilands sie und ihre Faszinationen auf undurchführbare Distanz. Sie vertraute seiner Schwester, Mrs. Kane, an, dass sie unter ihrem Dach streng auf ihren Schatz aufpassen würde; Aber Mrs. Kane war viel zu sehr mit ihren eigenen Angelegenheiten beschäftigt, als dass sie Zeit hätte, sie ihrem großen Bruder zu widmen, der sicherlich alt genug war, um für sich selbst zu sorgen! Er war von Indien fasziniert; und der Wechsel von einem kleinen County-Club und einer begrenzten örtlichen Umgebung, den Sorgen eines Vermieters und Richters, zu diesem exquisiten Klima und dieser Landschaft und diesem freien, neuartigen, umherziehenden Leben war herrlich. Er hatte das kalte Wetter in den Ebenen verbracht und war nach Shirani gekommen, um seine Schwester zu besuchen und die Freuden einer indischen Bergstation zu genießen.

Inzwischen hatte Frau Brande ihre Nichte einer Reihe von Leuten vorgestellt; und als sie sah, wie sie vom jungen Jervis weggetragen wurde, um beim Tennis zuzuschauen, war sie in einen niedrigen Stuhl gesunken und hatte sich einer Diskussion mit einer anderen Matrone hingegeben.

Dadurch wurde sie von Frau Langrishe rücksichtslos gestört.

„Entschuldigen Sie, mein Lieber, aber Sie sitzen auf der *Welt* ."

„Oh nein, das bin ich sicher nicht", protestierte die Dame prompt und zögerte, sich aus ihrem bequemen Sitz zu erheben.

„Nun, bitte schauen Sie", ziemlich scharf.

"Dort!" ungeduldig: „Sie sehen, es ist nicht hier. Ich weiß nicht, warum Sie denken sollten, dass *ich* darauf saß."

„Ich nehme an", mit einem unangenehmen Lächeln, „ich habe *dich natürlich verdächtigt* , weil du auf jedem sitzt!" Und dann ging sie davon und ließ ihre Gegnerin keuchend zurück.

„Ich habe noch nie eine so abscheuliche Frau gekannt", rief sie fast unter Tränen. „Sie drängt mich herum und blafft mich an, und doch bringt sie den

Mut auf, alle meine Tellerbeilagen und die Eismaschine aufzuschreiben und auszuleihen, wenn sie zum ersten Mal zu Abend isst, aber das kommt Gott sei Dank nicht *oft vor*."

In der Zwischenzeit hatte sich Honor über ein rustikales Geländer gelehnt und einem Tennismatch zugeschaut, an dem ihr Onkel teilnahm. Er war ein Enthusiast, spielte gut und sah erstaunlich jung und aktiv aus.

„Wie ich sehe, hast du also Freunde gefunden", bemerkte Jervis.

„Ich weiß nichts über Freunde", wiederholte sie zweifelnd und dachte an Lalla. „Aber ich wurde mehreren Leuten vorgestellt."

„Diese Veranda ist ein schrecklicher Ort. Waring hat außerordentliche Nerven, unter all diesen Fremden zu sitzen. Ich bin viel zu schüchtern, um mich auch nur auf eine Meile davon zu wagen."

„Ich glaube, er fühlt sich ganz zu Hause und hat unzählige Bekanntschaften gemacht. Haben Sie schon Besuche gemacht?"

"NEIN; nur ein oder zwei, zu denen er mich hinausgezerrt hat. Ich bin kein Mann der Gesellschaft."

„Und wie werden Sie Ihre Zeit investieren?"

„Ich mag Schläger und Tennis. Dein Onkel hat mich allgemein zu seinen Höfen eingeladen. Glaubst du, wir könnten morgen ein Spiel veranstalten – dein Onkel und ich und du und Miss Paske – oder Mrs. Sladen?"

"Ja; wenn wir Frau Sladen kriegen könnten."

„Nicht Miss Paske? Magst du sie nicht?" mit einem Augenzwinkern.

„Es ist noch zu früh, um zu sagen, ob ich sie mag oder nicht; aber sie hielt es nicht für zu früh, meine Tante mir gegenüber lächerlich zu machen."

„Nun, Miss Gordon, ich werde Ihnen etwas sagen. Miss Paske ist mir egal."

"Warum?" sie fragte schnell.

„Weil sie mich so heftig brüskiert. In Kalkutta war es genauso. Übrigens, wie sehr sie sich gerade gefreut hat, als du mit einer überaus kindlichen und milden Miene ihre Tante und die meisten von Shirani von ihren angenehmen kleinen Ausflügen mit der jungen Joy erzählt hast."

„ *Hätte* ich nichts sagen sollen?" fragte Honor und richtete ein Paar tragischer Augen auf ihn. „Oh, das ist so wie ich, ich mache immer Fehler. Aber ich habe nie davon geträumt, dass ich – war – –"

„Katzen aus dem Sack lassen, was?" ergänzte er leise.

"In der Tat nicht; und es kam ihr so seltsam vor, dass sie sich nicht erinnern konnte, mich erst vor drei Tagen getroffen zu haben."

„Du warst fest entschlossen, dass sie es nicht vergessen sollte, und wir werden sehen, ob sie dir jemals verzeihen wird. „Hier kommt der alte Sladen", als eine schwere Gestalt vor ihm auftauchte, knirschend über den Kies knirschte und sich in einer Weise auf das Geländer stützte, die sie auf eine harte Probe stellte, blickte er auf die fröhlichen Gruppen und sechs Tennisplätze herab, die in vollem Gange waren. Oberst Sladen hatte die Vorstellung, dass unverblümte Unhöflichkeit, väterlich gehandhabt, jungen Frauen in Miss Gordons Alter gefallen würde, und er sagte:

„Ich habe gehört, dass Sie sich den großartigen Fang der Saison ausgedacht haben. Hahaha! Und alle Mädchen im Ort haben den Anfang gemacht, oder?"

"Großer Fang?" wiederholte sie, ihre zarte Nase hoch in die Luft gereckt.

„Nun, sehen Sie nicht so aus, als würden Sie mich erschießen! Ich meine den Millionär – diesen Waring. Er scheint jetzt in Münzen zu wälzen, aber ich kannte ihn vor langer Zeit, als er noch keinen Stiver hatte. Er hat immer gespielt –"

„Das ist sein Cousin, Mr. Jervis", unterbrach ihn Honor hastig.

„Oh, in der Tat", warf Jervis einen gleichgültigen Blick zu. „Nun, es ist keine schlechte Sache, Cousin eines Millionärs zu sein."

„Woher wissen Sie, dass er Millionär ist?" fragte der junge Mann kühl.

„Oh, ich habe es ihm gesagt, und er hat die sanfte Amtsenthebung nicht bestritten. Er hat gerade einen Höchstpreis für ein paar schwere Poloponys bezahlt – ich schätze, der alte Byng hat es draufgesteckt."

„Der Kauf von Poloponys hat keinen Sinn. Wenn das ein Test wäre, könnte man fast jeden Subalternen in Indien als Millionär bezeichnen", erwiderte Jervis lächelnd.

Oberst Sladen starrte den Sprecher lediglich mit einer Miene feierlicher Verachtung an, warf den Stumpf seiner Zigarre in einen Heliotropstrauch und wandte sich noch einmal an Honor und sagte:

„Sie sehen alle unsere klügsten jungen Männer dort unten, Miss Gordon – in gewisser Hinsicht zu Ihren Füßen, und in anderer Hinsicht werden sie in Kürze dort sein. Ich kann Ihnen alles darüber erzählen – es ist eine gute Sache für eine fremde junge Dame, zu wissen, wie das Land liegt, das richtige Trinkgeld zu bekommen und zu wissen, was Trümpfe sind."

"Wie meinst du das?" fragte Honor kühl.

„Oh, komm schon“, mit einem abscheulichen Lachen, „du weißt, was ich meine. Ich möchte Sie auf einige der Menschen hinweisen, und da ich der älteste Bewohner bin, könnten Sie nicht in besseren Händen sein. Da ist Captain Billings von den Bays, der Kerl mit der gelben Mütze, der mit Miss Clover spielt, dem hübschesten Mädchen hier –“

Er hielt inne, um zu sehen, ob der Schuss etwas verriet oder ob die Aussage in Frage gestellt werden würde; aber nein.

„Das ist Toby Joy, der schauspielert und tanzt und in einem Musiksaal statt im Gottesdienst sein sollte. Da ist Jenkins von den Crashers, der dünne Mann mit dem roten Gürtel; sehr reich. Sein Vater verdiente sein Geld mit Schweinen oder Pillen – nicht das, was man als aristokratisch bezeichnen würde, aber er ist gut vergoldet. Dann ist da noch Alston von den Grey Rifles – ein gutaussehender Kerl, ältester Sohn; und Howard von den Palfreys der Königin – alte Familie, haufenweise Zinn; aber er trinkt. Nun, auf welchen dieser jungen Männer werden Sie Ihre Obergrenze setzen?“

„Keiner von ihnen“, antwortete sie mit blasser Würde.

„Ach, komm! Ich gebe dir fünf zu eins, du bist nächstes Jahr um diese Zeit verheiratet.“

„Nein – nicht in fünf Jahren.“

"Unsinn! Warum sind Sie dann herausgekommen, meine liebe junge Dame? Sie werden einem alten „Qui hye“ wie mir, der zu seiner Zeit Hunderte von neuen Wendungen gesehen hat, nicht Staub in die Augen streuen? Ich nehme an, Sie glauben, dass Sie sich als Trost für Ihre Tante und Ihren Onkel herausgestellt haben? Nicht ein bisschen davon! Sie haben sich als Trost für einen jungen Mann erwiesen. Befolgen Sie den Rat eines Freundes“, senkte er seine Stimme auf einen vertraulicheren Ton, „und behalten Sie den Millionär im Auge.“

„Oberst Sladen“, ihre Lippen zittern vor Leidenschaft, ihre Augen glühen vor Zorn, „ich nehme an, Sie machen Witze und finden das alles sehr lustig. Es macht mir überhaupt keinen Spaß; im Gegenteil, ich – ich finde es bedauernswert, einen Mann in Ihrem Alter zu finden, dem es so an gutem Geschmack mangelt und der so vulgären Unsinn redet!“

„Wirklich?“ in einem scherzhaften Ton und keineswegs beschämt – tatsächlich eher erfreut als sonst. „ *Kein* Respekt vor den Älteren!“ Ho, ho, ho! Kein Sinn für Humor, oder? Ich glaube, du bist ein ganz normales junges Feuerwehrschiff! Wir werden das ganze Haus in Flammen stehen lassen –

ein Feuer – Brande, das ist doch ein Witz, nicht wahr? – nicht schlecht. Ich sehe Gräber, die locken; Er hat endlich ein Gummiband, Gott sei Dank! Tut mir leid, dass ich mich losreißen muss. Denken Sie über meinen Rat nach. Au revoir", und er ging kichernd.

„Haben Sie jemals einen so abscheulichen Mann gekannt?" rief sie und wandte sich mit Tränen der Wut in ihren Augen an Jervis.

„Nun, ein- oder zweimal *kam* mir der Gedanke, ihn über die Paläste zu hieven – wenn ich dazu in der Lage wäre."

Honor brach unwillkürlich in Gelächter aus, als sie an ihr relatives Gewicht dachte.

„Er hat es mit Absicht getan, um dich anzulocken, und er hat dich richtig verärgert."

„Wenn man daran denkt, dass er der Ehemann einer Frau wie Mrs. Sladen ist! Oh, ich verabscheue ihn! Stellen Sie sich vor, er hätte die Unverschämtheit zu behaupten, dass jedes Mädchen, das nach Indien kommt, nichts anderes als eine intrigante, Söldnerin und Glücksjägerin ist! Ich bin froh, dass er auf all die reichen Männer hingewiesen hat!"

"Darf ich fragen warum?" fragte ihre etwas erschrockene Begleiterin.

„Denn natürlich werde ich die größtmögliche Sorgfalt walten lassen, niemals einen von ihnen kennenzulernen."

„Also wird die Armut ausnahmsweise mal ihre Spuren hinterlassen? Du wirst die jüngeren Söhne nicht tabuisieren?"

"NEIN; nur gute Matches und tolle Fänge", mit bösartiger Betonung. „Hasserfüllte Ausdrücke! Mr. Jervis, ich möchte Sie warnen: Wenn Sie reich wären, würde ich nie wieder mit Ihnen sprechen. Du lachst!"

Er lachte auf jeden *Fall*. Als er seinen Kopf auf seine Arme legte, zitterten seine Schultern unverkennbar.

„Vielleicht", in eisigem Tonfall, „wenn deine Belustigung nachgelassen hat, bist du so freundlich, mich zu meiner Tante zurückzubringen!"

„Oh, Miss Gordon!" Er richtete sich plötzlich auf und blickte sie mit verdächtig feuchten Augen an: „Ich muss äußerst unhöflich gewirkt haben, und ich bitte Sie demütig um Verzeihung. Ich habe über – über meine eigenen Gedanken gelacht, und Ihre zornige Empörung war so groß, dass – dass –"

„Du sagst besser nichts mehr", unterbrach sie; „Du wirst die Sache nur noch schlimmer machen." Dann fügte er mit einem beginnenden Lächeln hinzu: „Das ist es, was ich selbst immer mache." Ich spreche aus Erfahrung."

„Versprich mir eines", drängte er, „dass du *mich nicht fallen lässt* , wenn du deine Bekanntschaft aussortierst."

„Bitte, warum sollte ich dich fallen lassen? Meine neue Regel gilt nicht für Sie. Sind *Sie* Millionär?" Und sie brach in Gelächter aus.

Einem aufmerksameren Beobachter als der jungen Dame wäre ein Anflug von Verlegenheit in seinem Blick aufgefallen, als er nach kurzem Zögern sagte:

„Ich bin jetzt jedenfalls ein ziemlich alter indischer Freund – fast Ihr erster Bekannter."

„Ja, das gebe ich alles zu; aber Sie dürfen sich nicht auf unsere alte Freundschaft verlassen. Ich warne Sie feierlich, dass unsere Beziehungen – wenn Sie das nächste Mal über mich lachen – lachen, bis Sie tatsächlich *weinen* – angespannt sein werden."

Es wurde dunkel, auf den fernen Hügeln nahmen die Feuer sichtbar zu, das erste Messhorn war verklungen. Da war ein General, der in Rikschas stieg und nach Ponys rief, und plötzlich war der Club leer, die beeindruckenden Veranden waren verlassen, und alle kleinen Tennisjungen mit den roten Kappen marschierten truppartig nach Hause.

Kapitel XVIII.
DIE TABELLE DER PRÄZEDENZ.

Die Zeit verging; Honor machte sich mit ihrer neuen Umgebung vertraut, hatte ein paar nützliche Hindustani-Wörter aufgeschnappt, eine Runde Telefongespräche geführt und gezeigt, dass sie keine durchschnittlichen Fähigkeiten im Tennis hatte. Und Frau Brande hatte gezeigt, dass sie nicht nur eine Frau der Worte war. Sie hatte den jungen Jervis allgemein und dringend zu sich nach Hause eingeladen – außerdem fand er in den Augen ihres Mannes Gunst. Er war ein feiner, gut aufgestellter, Gentleman-junger Bursche, ein begeisterter Tennisspieler, ohne jeglichen Humbug, daher unterstützte der ehrenwerte Pelham die Gastfreundschaft seiner Frau von ganzem Herzen.

Was Captain Waring betrifft, leider! Die Intimität der drei Tage auf Reisen – wie Freundschaften auf einem Dampfer – hatte geflackert und geflackert, war untergegangen und erloschen. Die Staatsessen von Mrs. Brande waren einwandfrei, aber äußerst langweilig; und sie war nicht in der „klugen" Gruppe; ihre Nichte war viel zu direkt und roh; Ihre aufrichtigen grauen Augen blickten ihn auf eine Weise an, die ihm ein Unbehagen bereitete – ein *blasierter* , von der Welt gezeichneter, selbstsüchtiger Sterblicher. Sie hatte auch eine scharfe Zunge und kein Vermögen; deshalb ging er zum feindlichen Lager und folgte der Standarte von Frau Langrishe.

Die erste große Unterhaltung, bei der Honor erschienen war, war eine große, feierliche Dinnerparty, die vom Chefarzt in Shirani veranstaltet wurde. Es sollten dreißig Gäste sein. So viel hatte Mrs. Brandes Koch aus Mrs. Loyds Khansamah herausgefunden, als er sich Marmeladendosen und Eislöffel auslieh. Frau Brande freute sich über diese formellen Abendessen, bei denen sie sich als Hauptgast und erfahrene Kritikerin am besten amüsieren konnte; und sie freute sich auf dieses Fest mit einer, wie es ihrer Nichte vorkam, fast infantilen Freude und Vorfreude.

Herr Brande war abwesend, aber selbst wenn er zu Hause gewesen wäre, war er von diesen Veranstaltungen nie begeistert. Seine Frau hatte sich bei Frau Sladen darüber beschwert, „dass er seine Abendkleidung anzog und gleichzeitig Humor hatte", außer wenn er zu Hause aß.

„Du wirst deine weiße Seide tragen, Honor", bemerkte ihre Tante, „und ich meinen neuen rosa Brokat mit der weißen Spitze." Ich bin wirklich gespannt, welche Beteiligung Mrs. Loyd haben wird. Sie hat den alten Koch der Blacks, und sie haben nie ein anständiges Abendessen gegeben; Aber dann war Mrs.

Black geizig – sie missbilligte ein Glas Wein als Soße und ließ nie mehr als eine halbe Anna pro Kopf als Suppenfleisch zu. Jetzt holt Mrs. Loyd Fisch aus Bombay ab, also nehme ich an, dass sie die Sache richtig machen will. Warst du jemals auf einer Dinnerparty, Kind?“

"NEIN; nicht das, was *man* eine Party nennen würde – höchstens sechs; aber ich bin nach dem Abendessen hereingekommen.

„Pfui! Pfui! „Das ist ein schlechter Spaß“, rief Frau Brande mit großer Verachtung. „Ich würde einfach gerne jemanden sehen, der *meine* Nichte bittet, nach dem Abendessen zu kommen! Ich frage mich, wer dich aufnehmen wird? Ich kenne die meisten Leute, die gehen, denn wenn ich Einladungen bekomme, lese ich immer ihre Namen im Buch des Peons. Es werden Captain Waring, der junge Jervis und Sir Gloster Sandilands sein. Ich hoffe, Captain Waring wird Sie aufnehmen.“

„Oh, ich hoffe nicht, Tante; er und ich passen überhaupt nicht zueinander.“

"Warum nicht?" ziemlich scharf.

„Ich habe nicht genug ‚Go‘ in mir. Ich kann nicht über die Leute sprechen, die er kennt. Ich bin weder schlau noch auf dem neuesten Stand. Ich kann nicht so amüsante Dinge sagen wie Miss Paske; Ich bin nur eine dumme kleine Landmaus!“

„Und sie ist eine kleine Katze!“ mit einem kurzen Nicken. „Nun, ich muss sagen, ich hätte fünfzigmal lieber selbst Jervis. Er hat so nette Manieren – anders als andere junge Männer, die zu mir nach Hause kommen, das Beste essen und trinken und mich danach kaum noch ansehen. Da war dieser Thorpe; Er stand nicht einmal von seinem Stuhl auf, als ich im Club mit ihm sprach. Ich weiß, dass ich keine geborene Dame bin – mein Vater war Stellmacher –, aber er und er lebten seit dreihundert Jahren am selben Ort. Dennoch habe ich meine Gefühle und dass Thorpe, obwohl er der Sohn eines Lords sein mag, kein Gentleman ist. Er dachte, ich sei taub, und ich hörte ihn zu einem Mann sagen, als ich auf seinem Arm lag:

„'Ich werde dem alten Mädchen zu Abend essen.'

„„Nicht *dieses* alte Mädchen, vielen Dank, Sir‘, sagte ich, zog mich zurück, ging hin und setzte mich wieder hin. ‚Natürlich hat er mich gefressen.‘ Nun, Honor, ich wünsche Ihnen einen angenehmen Partner, denn diese Abendessen sind lange Angelegenheiten.“

„Tatsächlich, Tante? Es tut mir leid, das zu hören.“

„Wenn sie die *Vorspeisen* nach dem Lokal servieren, was neumodisch ist und zu Fehlern führt, sitzen wir zwei tödliche Stunden fest. Diese einheimischen Diener sind die zehn Plagen Ägyptens. Einmal – oh Gott! Ich werde das

Gesicht der Dame nie vergessen – ich sah einen Mann, der Kartoffelpüree als *Vorspeise herumreichte* – ganz allein! Einmal sah ich einen Elenden, der Senf in einer Frühstückstasse anbot, und die Herrin hatte prächtige silberne Menagen. Natürlich hatte er etwas Groll gegen sie. Bei *diesen* Gelegenheiten bezahlen sie dich aus, obwohl sie wissen, dass du an Händen und Füßen gefesselt bist. Mir selbst geht es gut, da ich eine ältere Dame bin, nimmt *mich der Arzt* . Ausnahmsweise wird Mrs. Langrishe nirgendwo sein, denn die Loyds (sie ist die Tochter eines Kommissars) wissen, was los ist. Sie haben die Vorrangregeln an ihren Fingerspitzen, aber ich kann ihnen trotzdem jederzeit dieses leihen", und sie nahm ein in blaues Papier gebundenes Buch und begann laut vorzulesen:

„,Alle Ehefrauen werden nach dem Rang eingestuft, der ihrem jeweiligen Ehemann zugewiesen wurde.' Das tun sie tatsächlich!" sie schnaubte. „Ich würde gerne wissen, wie oft Frau Langrishe *diese* Regel befolgt hat? Jetzt steht mein Mann als Ratsmitglied neben einem Bischof. Sehen Sie, Herr?"

„Ja, Tante Sara."

„Während Frau Langrishe einen Rang unter politischen Agenten mit zwölfjähriger Erfahrung einnimmt. Und ich bin *überhaupt nicht* sicher, ob sie vor der Bildungsabteilung der zweiten Klasse aufgenommen werden sollte."

„Nein, Tante", antwortete Honor, bemühte sich, weise zu wirken, und wunderte sich sehr über Mrs. Brandes Begeisterung. Ihre Farbe war gestiegen, ihre Augen leuchteten, als sie energisch die Broschüre in ihrer Hand schwang.

Der große Tag war endlich da. Die Leute in Shirani gaben keine langen Einladungen, und Frau Brande, in ihrem neuen rosa Brokat, mit all ihren Diamanten und einer Mütze mit drei hohen rosa Federn, reiste rechtzeitig ab, zusammen mit ihrer Nichte, die ihre neue weiße Seide trug. und brachte ihre Geige mit – auf besonderen Wunsch.

Mrs. Loyd empfing sie überschwänglich, der Raum war zur Hälfte mit der *Elite* von Shirani gefüllt, die ihre besten Kleider und die mildesten offiziellen Manieren trug. Honor bemerkte Major und Mrs. Langrishe, Sir Gloster Sandilands, Captain Waring, Mr. Jervis, Captain Noble, den Padre und seine Frau, den Cantonement Magistrate und seine Frau, den Colonel, der die Scorpions befehligte, und viele andere. Es war eine höchst feierliche offizielle Party. Plötzlich wurde die Tür zum Esszimmer weit aufgerissen, und ein prächtiger Diener grüßte und sagte:

„Khana, mez pur;" *dh* „Abendessen ist serviert."

Mrs. Brande erhob sich halb von ihrem Platz und lächelte ihren Gastgeber aufmunternd an.

Aber – was war das? Er reichte einem unbedeutenden kleinen Menschen in Schwarz, der kaum dreißig Jahre alt und ein völlig Fremder war, seinen Arm! Frau Brande bekam, wie sie es später ausdrückte, „eine Gänsehaut."

Was für eine Beleidigung vor der ganzen Station, oder zumindest dem größten Teil davon; und da war Mrs. Langrishe, die sie mit „Oh!" ansah. so ein *abscheuliches* Lächeln. Nun, jedenfalls würde sie ihr nicht die Genugtuung bereiten, sie zusammenbrechen oder davonfliegen zu sehen. Dieses Lächeln wirkte anregend, und nach einigen Augenblicken deutlich spürbaren Zögerns – während dessen die Zuschauer fast den Atem anhielten – erhob sie sich und akzeptierte die Begleitung des Herrn, der sich demütig vor ihr verbeugt hatte, und warf sie gefährlich aussehend hin Federn strömten langsam ins Esszimmer.

Sie wurde an eine auffällige Stelle geführt; aber was ist damit? Nichts – nein, nicht einmal ein vergoldeter Stuhl mit einer Krone auf der Rückenlehne würde sie jetzt besänftigen oder erfreuen. Sie lehnte die Suppe mit einer hochmütigen Geste ab, lehnte sich zurück und blickte sich verächtlich um. Ja, es roch deutlich nach Kerosinöl – einer der Khitmatghar trug einen schmutzigen Mantel; Das war Mrs. Sladens Rotweinkrug, und die meisten Gabeln waren geliehen. Was das Abendessen anging, schickte sie mit kaum verhohlener Verachtung ein Gericht nach dem anderen weg und lockerte die Monotonie dieses Vorgangs ein wenig auf, indem sie auffällige Portionen ungeschmeckt auf ihrem Teller liegen ließ – wohlwissend, dass ein solches Verhalten für eine Gastgeberin Schmerz und Kummer bedeutet. Sogar der Gastgeber bemerkte ihren geringen Appetit und bemerkte mit seiner lauten, fröhlichen Stimme:

„Warum, Frau Brande, Sie essen nichts."

„In der Tat", beugte sie sich vor und rief: „Ich bin so *weit* von dir entfernt, ich wundere mich, dass du es bemerken kannst." Sie fügte zu dieser äußerst unfreundlichen Antwort hinzu: „Ich habe *heute* Abend keinen Appetit", warf sich noch einmal in ihren Stuhl zurück und schwenkte ihren Fächer leidenschaftlich – um nicht zu sagen wütend – hin und her.

Und was sie noch mehr ärgerte, war Lalla Paske ihr gegenüber, die zwischen Sir Gloster und Captain Waring saß, sie anstarrte und weitermachte. Kleines Reptil! Am liebsten würde sie einen Teller nach ihr werfen. Honor hingegen war auf Sir Glosters Seite und sah, wie ihre Tante im Geiste feststellte, sehr „entfremdet" und lebhaft aus. Der Baron schien sehr beeindruckt zu sein und redete unaufhörlich; und das war der einzige jämmerliche Krümel Trost, von dem die arme Dame aß!

Honor war nicht zu sehr mit ihren eigenen Angelegenheiten beschäftigt, um nicht zu bemerken, dass ihre Tante über irgendetwas äußerst verärgert wirkte und überaus errötet und wütend aussah.

Tatsächlich beugte sich Miss Paske – eine gutmütige, freundliche kleine Seele – zu ihr und sagte zu ihr: „Haben Sie Mrs. Brande bemerkt? Sieht sie nicht außergewöhnlich aus? Ihr Gesicht ist so rot und geschwollen, ich glaube wirklich, dass sie irgendeinen Anfall bekommen wird! Sie isst und spricht weder."

Doch beim Nachtisch fand Mrs. Brande ihre Zunge wieder. Es gab eine allgemeine Diskussion über das Thema Vornamen, und jemand sagte, „Ehre sei etwas Schönes, Altmodisches."

„Oh", rief Lalla, „ich finde es abscheulich! Es macht Ihnen nichts aus, oder, Miss Gordon? Wie wütend wäre ich gewesen, wenn meine Paten und Patinnen es *mir geschenkt hätten* ! Es hat einen so abrupten Klang und ist so *sehr* gut."

Mrs. Brande, die sich bisher geweigert hatte, mit ihrer Nachbarin zu sprechen, auch nicht auf die gewöhnlichste Art und Weise, um über das Wetter, den großen Diamantenfall oder den Zustand der Rupie zu sprechen, platzte nun plötzlich heraus:

„Jedenfalls hat es eine anständige Bedeutung; und wenn es gut ist, ist es Ihres *nicht* . Ich glaube, es gab einmal eine Miss Rooke, die den gleichen Namen trug und gern Theater spielte und sang, und allem Anschein nach war sie *nicht* besonders erschüttert."

Nur erschrocken gab Mrs. Loyd ein hastiges Zeichen, und die Damen standen auf, als wären sie von einer einzigen Feder angetrieben, und gingen geschlossen in den Salon. Mrs. Brande setzte sich sofort in einen großen Sessel, wo sie distanziert und allein saß, streng und unnahbar wirkte, während sie langsam ein Fotoalbum umblätterte. Das Buch stand auf dem Kopf, aber das war offensichtlich unerheblich.

Vergebens kam Mrs. Loyd, stellte sich vor sie und erniedrigte sich; vergeblich versuchte sie, sie zu besänftigen. Arme, verblendete kleine Frau! – es war reine Zeit- und Atemverschwendung, Mrs. Brandes Kleid, Mrs. Brandes Nichte zu loben oder auch nur um ein Rezept für Chutney zu betteln.

„Ich kann Ihnen ein Rezept für *Manieren geben* ", bemerkte die empörte Matrone in einem schrecklichen Ton; „Ich werde Ihnen die Rangfolge zusenden und Ihnen morgen *schreiben* ."

Als sie diese schreckliche Drohung hörte, gefror Mrs. Loyds Blut, denn sie war eine Frau des Friedens, und zu diesem Zeitpunkt erschienen die Männer, zu zweit oder zu dritt, wie es ihre Gewohnheit ist. Sie entdeckten die Damen, die in Paaren im Raum verstreut waren, alle bis auf eine, die in einsamer Majestät dasaß.

Kapitän Waring schlenderte zu Lalla hinüber und bemerkte, während er Mrs. Brande, die regungslos wie eine Wolke an einem heißen Sommertag war – eine Wolke voller Elektrizität, einen vielsagenden Blick zuwarf: „Wenn ich mich umsehe, bin ich geneigt, mit der Art zu sagen." Als ihm das Bild von Doré gezeigt wurde, sagte er: „Da ist ein armer Löwe, der hat keinen Christen!"

„Es geht ihr gar nicht so schlecht, wie Sie sich vorstellen", entgegnete Lalla mit zurückhaltendem Gesicht. „Sie hat die Gastgeberin fast gefressen – sieht sie nicht wild aus? Wen sollen wir ihr als neues Opfer vorwerfen? Sie ist furchtbar wütend, weil sie nicht zuerst zum Abendessen eingeladen wurde. Das arme Geschöpf hat so wenig Würde, dass sie sich stets mit größter Sorgfalt um es kümmert. Hurra! Hurra! Sie geht tatsächlich. Oh, ich bin enorm amüsiert."

Ja, Mrs. Brande war bereits aufgestanden, um zu gehen. Sie war fest entschlossen, die Angelegenheit selbst in die Hand zu nehmen und als erste zu gehen, wenn sie nicht als Erste erkannt wurde.

Vergeblich beteuerte Mrs. Loyd, es sei erst halb zehn, alle freuten sich darauf, Miss Gordon spielen zu hören, sie habe versprochen, ihre Geige mitzubringen.

„Sicherlich, Frau Brande, Sie werden nicht so grausam sein, sie mitzunehmen und die ganze Gesellschaft zu enttäuschen!" drängte Frau Loyd erbärmlich. „Mir wurde gesagt, dass ihr Geigenspiel großartig ist."

„Die Gesellschaft hat den ganzen Abend Miss Gordons Tante *die zweite Geige spielen sehen* , und *das* muss sie vorerst zufriedenstellen", erwiderte Mrs. Brande, die sich bereits auf der Veranda befand und in einen prächtigen langen Umhang gehüllt war, dessen Fell selbst wie ein Pelzmantel aussah Um etwas vom Geist ihres Besitzers einzufangen, sträubte sie sich wie mit einer ausladenden Neigung um die Ohren und winkte Honor zu, ihr zu folgen, und fegte die Stufen hinunter.

Auf dem ganzen Weg nach Hause, und während sie Seite an Seite entlangrollten, ließ Mrs. Brande ihrem Zorn freien Lauf und ließ ihren verletzten Gefühlen freien Lauf. „Vorrang" war ihr Hobby, ihre einzige Stärke. Eine Frau könnte sie eher ausrauben, verleumden oder sogar schlagen, als vor ihr aus dem Zimmer zu gehen. Sie versicherte ihrer ehrfürchtigen Nichte, dass sie „P" schreiben würde. bevor sie in dieser Nacht einschlief, und wenn sie keine ausführliche Entschuldigung erhielt, sollte die

Angelegenheit *dem Vizekönig vorgelegt werden* ! Was nützte es, wenn Leute im Dienst vorankamen und durch jahrelange harte Arbeit in schlechtem Klima und tödlichen Dschungeln belohnt wurden, wenn jemand, der wollte, sie die Leiter hinunterstoßen könnte, so wie *sie* an diesem Abend getreten worden war!

„Was", fuhr sie wütend fort, mit einer halben Oktave höher klingender Stimme, „war der Wert dieser Termine, oder war es ein Kinderspiel und ein neues Spiel?" Für manche wäre es ein teures Spiel!"

Sie kam zu dieser Schlussfolgerung und gleichzeitig zu ihrer eigenen Tür, warf ihren Umhang ab und schnappte sich eine Lampe von einem verängstigten Khitmatghar (der sah, dass der Mem Sahib „Bahout Kuffa" war), eilte in das Heiligtum ihres Mannes und kehrte mit einem zurück Buch.

„Wie war der Name dieser Person, Honor?" sie erkundigte sich; „Haben Sie es zufällig gehört? – die Frau, die zuerst aufgenommen wurde?"

"Frau. Ringrose, glaube ich."

„Ringrose, Ringrose", jagte mit fieberhafter Eile durch die Blätter. „Ja, hier ist es."

„James – Walter – Ringrose – er ist Ratsmitglied in Kalkutta und nur *eine* Woche älter als P.!" und sie blickte ihre Nichte mit einem fast farblosen Gesicht und dem Ausdruck eines ungezogenen Kindes an, das sich zutiefst schämt. „Also hatte ich einen Wutanfall und habe mein Abendessen und einen angenehmen Abend verpasst, und das alles umsonst! Nun ja, ich bin ein guter alter Idiot gewesen", warf er das Buch auf den Tisch. „Aber was führt die Menschen aus Kalkutta hierher?" sie forderte kleinlich.

„Ich glaube, sie ist die Schwester von jemandem in Shirani, und ihr Mann ist in den Schnee gegangen und hat sie hier zurückgelassen. Liebe Tante Sara", fuhr Honor spielerisch fort, „warum machst du dir Gedanken über den Vorrang? Wie kann es eine Rolle spielen, wie man zum Essen geht oder wo man sitzt?"

„Mein liebes Kind, es liegt mir im Blut. Ich kann nicht anders; es ist für mich Speise und Trank; Es ist das, was ein Liebhaber für ein Mädchen, eine Krone für eine Herzogin, eine Medaille für einen Soldaten ist – es ist das äußere und sichtbare Zeichen für P.s Verdienst – und meinen. Und der Anblick einer anderen Frau, die an meinem rechtmäßigen Platz sitzt, erstickt mich einfach. „Eine Frau rangiert nach ihrem Ehemann", schien mir den ganzen Abend in den Ohren zu klingen. Woher sollte ich wissen, dass ihr Mann ebenfalls im Rat war? Allerdings bin ich zum Abendessen reingegangen, das ist ein Trost." (Für ihren Kavalier war es kein großer Trost gewesen). „Zuerst hatte ich

Zweifel, direkt nach Hause zu gehen. Ich erinnere mich, dass ich auf einer Party von drei Damen gehört habe, von denen jede erwartete, dass sie mit dem Gastgeber hineingehen würden, und als er eine nahm, standen die anderen auf und gingen ohne Abendessen davon.“

„Ich denke, sie waren äußerst dumm – sie hätten einander Arm in Arm nehmen sollen; Das hätte ich tun sollen“, sagte Honor mit Nachdruck.

„Ja, den jungen Leuten ist das egal; Aber ich kann genauso wenig ändern wie ein Leopard seine Haut und ein Nigger seine Flecken – nun, Sie wissen, was ich meine. Allerdings bin ich nicht immer so ein Pedant – als ich zum Beispiel diesen Winter zufällig in den Damenclub von Alijore ging und niemand aufstand, um mich zu empfangen, achtete ich nicht darauf, obwohl ich so *verletzt* war Ich habe in dieser Nacht kaum ein Auge geschlossen. Küss mich, mein Lieber, und vergib mir, dass ich mit von der Partie bin und so früh Schluss mache und allen das Vergnügen verderbe“ (ein überragender Höhenflug der Fantasie). „Vielleicht wirst du eines Tages auch empfindlich sein.“

„Vielleicht vielleicht, aber nicht wegen Rang und Vorrang. Sicherlich gibt es im Himmel keinen Präzedenzfall.“

„Da bin ich mir nicht so sicher“, entgegnete Frau Brande; „Ein Erzengel steht über einem Engel. Ich kann jedoch meine stolzen Gedanken hinter mir lassen, denn ich werde einen niedrigen Platz einnehmen – falls ich jemals dort ankomme. Nun, mein Lieber, ich verhungere einfach; ein Stück Fisch und ein Löffel Aspik waren alles, was ich hatte. Rufen Sie also Bahadar Ali an, um mir etwas kalten Truthahn mit Schinken und ein Glas Rotwein zu holen. Vielleicht würdest du auch eine Auswahl treffen?“

„Nein, danke. Ich hatte ein großartiges Abendessen.“

„Und Sie fanden Ihren Partner angenehm? – einen aufstrebenden jungen Zivilisten. Ich habe ihn während der Typhuserkrankung gepflegt und kenne ihn gut. Er zieht zwölfhundert im Monat. Wenn Sie ihn heiraten würden, würden Sie den *Vorsitz* von Mrs. Langrishe übernehmen.“

„Liebe Tante“, brach in schallendes Gelächter aus, „wie lustig du bist! Ich werde niemanden heiraten; Du musst mir eine alleinstehende junge Frau nach Hause bringen.“

"Was für ein Unsinn! Allerdings“, als ob Ihnen ein glücklicher Gedanke gekommen wäre, „könnten Sie verlobt und immer noch Single sein; Ich habe gesehen, wie Sie mit Sir Gloster gesprochen haben –“

„Ja, er ist ziemlich angenehm – er hat mir von seiner Tour durch die alten Städte des Deccan erzählt. Und--"

ihren Löffel hineinzustecken . Was für ein schiebender kleiner Affe sie ist – ihre Tante ist ein echter Doppelgänger!"

Um ihre Reue zu zeigen, schrieb Mrs. Brande schickte am nächsten Tag eine Entschädigung in Form von einem Dutzend Ananas und einem Korb mit frischen Eiern. Sie wurden gerne als Friedensopfer angenommen, und Mrs. Loyd hörte nichts mehr von der „Rangliste".

KAPITEL XIX.
LASST UNS DIE WAHRHEIT SAGEN.

Ein Monat war vergangen, und Shirani war so satt und fröhlich, wie Miss Paske es vorhergesagt hatte – es gab Abendessen, Tänze, Bälle, Theateraufführungen und Picknicks.

Die Besucher hatten sich in Sets zusammengefunden und herausgefunden, wen sie mochten und wen sie nicht mochten. In einer kurzen Bergsaison darf man keine Zeit mit langwierigen Annäherungsversuchen verschwenden; Außerdem verändert sich die Gesellschaft in Indien so schnell und es gibt so viele gemeinsame Freunde – das Ergebnis so vieler verschiedener Umzüge – , dass die Menschen einander in sechs Monaten so gut kennen, wie sie es in sechs Jahren in England tun würden. Es gab „Bühnenbilder" in Shirani, wenn auch nicht aggressiv definiert: das Schauspiel- und Musikset, zu dem die Stars Miss Paske und Mr. Joy gehörten; außerdem Kapitän Dashwood von den Dappled Hussars; Mrs. Rolland, die einst eine unvergleichliche Schauspielerin gewesen war, jetzt aber sowohl taub als auch streitsüchtig war; und viele andere kleinere Lichter.

Dann gab es noch die „kluge" Gruppe unter der Leitung von Mrs. Langrishe, die Kleider trug, die besser zu Ascot passten als zu den Hymalayas; tranken miteinander Tee, aßen miteinander – sprachen über Adelsstand und diskutierten über Londoner Klatsch; blickten auf viele ihrer Nachbarn herab und sprachen von ihnen, sie seien „kaum menschlich", und waren insgesamt ziemlich schmerzlich exklusiv.

Es gab den „schnellen" Satz – Männer, die im Club hoch spielten, wetteten auf Rennen in England (per Wire); genossen große Nächte und Bärenkämpfe und gingen gelegentlich unter, ohne ihre Vereinsrechnung zu begleichen!

Und selbst Mrs. Brande hatte ein Paar – ja, zum ersten Mal in ihrem Leben einen eigenen kleinen Kreis – und war eine stolze und glückliche Frau.

„Es machte einen wunderbaren Unterschied, ein Mädchen im Haus zu haben", bemerkte sie mindestens zweimal am Tag zu „P.", und „P." nahm die abgedroschene Bemerkung seltsamerweise ohne eine sarkastische Erwiderung auf.

Sicherlich hatte Honor in Rookwood eine Veränderung vorgenommen. Sie hatte ihre Tante dazu überredet, ihr zu erlauben, die grüne repräsentative Salongarnitur mit hübschem Cretonne zu bedecken, den runden Tisch mit seinem Kreis aus Büchern, die wie ein Kartenspiel verteilt waren, zu verbannen, Blumen und Gräser in Hülle und Fülle zu arrangieren, und so weiter Trinken Sie Tee auf der Veranda. Honor spielte hervorragend Tennis, und ihr Onkel ging nicht in den Club, sondern gab die ersten Spiele zu Hause, und diese Nachmittage erlangten allmählich einen guten Ruf. Es gab gute Plätze, gute Spieler – ausgezeichnete Erfrischungen. Die Erdbeeren und die satte gelbe Sahne von Mrs. Brande waren berühmt; und die Leute waren begierig auf Dauereinladungen nach Rookwood „dienstags" und „samstags". Außer Mr. Brande und seiner Nichte – die selbst Gastgeber waren – waren Sir Gloster, Mrs. Sladen, der Padré und seine Frau sowie der junge Jervis anwesend, die regelmäßige *Stammgäste waren* . Es gab Turniere und Preise und eine Lebhaftigkeit bei diesen Veranstaltungen, die sie zu den beliebtesten Unterhaltungsmöglichkeiten in Shirani machte, und die Leute ließen sich herab, fleißig nach dem zu fischen, was sie einst verachtet hätten, nämlich: „Einladungen zu den Nachmittagen von Mutter Brande." ."

Kapitän Waring hatte Shirani satt, obwohl er viele Freunde kennengelernt hatte – er spielte dreimal pro Woche Polo und spielte sechs Mal Whist, bis in die frühen Morgenstunden. Obwohl er doppelt so oft eingeladen wurde wie jeder andere Junggeselle und doppelt so beliebt wie sein Cousin, waren er und sein Cousin tatsächlich – wie er mit schallendem Gelächter bemerkte – „nicht im selben Kreis".

(Frau Langrishe und ihre Nichte befanden sich übrigens auch nicht im selben Set; denn Lalla war „theatralisch" und ihre Tante war „klug".)

Kapitän Waring und sein Begleiter lebten zusammen in Haddon Hall, das weltweit für seine rauchenden Schornsteine bekannt ist. aber obwohl sie unter demselben Dach wohnten, sahen sie einander nur wenig. Waring verfügte über die besten Räume und einen imposanten Stab von mit Wappen geschmückten Dienern. Jervis lebte in zwei kleinen Wohnungen, und der Anführer seines Gefolges war ein respektabler graubärtiger Träger namens Jan Mahomed, der billig wirkte. Jervis verbrachte die meiste Zeit damit, lange Spaziergänge oder Ausritte zu unternehmen – mit einigen jungen Kerlen der Scorpions zu schießen oder zu zeichnen – oder oben in Rookwood, wo er mindestens dreimal in der Woche aß, alle Sonntage verbrachte und wo er herzlich empfangen worden war Ben und wurde als sein „Onkel" in die Familie aufgenommen! Keine Worte, so zahlreich und beredt sie auch sein mögen, könnten deutlicher zum Ausdruck bringen, wie hoch er in der Gunst von Mr. und Mrs. Brande stand. Bens „Onkel" zu sein bedeutete fast, dass sie ihn als Adoptivsohn betrachteten.

Oft vergingen Tage, und Clarence und sein Begleiter sahen sich kaum, außer beim Polo. Mark hielt die frühen Morgenstunden ein und war rechtzeitig wach – tatsächlich war er gelegentlich schon wach und zog sich an, bevor sein Cousin zu Bett gegangen war.

Eines Nachmittags jedoch fand er ihn offenbar in Erwartung seiner Ankunft auf der Veranda sitzend und nicht wie üblich am Kartentisch des Clubs.

„Hallo, Mark! Was bist du doch für ein fröhlicher Jungvogel, der immer rausgeht, immer auf der Flucht – nie zu Hause!"

„Das Gleiche gilt für dich", sagte der andere fröhlich.

„Nun, ich wollte dich nur sehen und ein paar Minuten mit dir reden, alter Junge. Ich habe diesen Ort langsam satt – wir sind schon fast sechs Wochen hier – ich stimme, wie der Polizist sagt, für ‚weitermachen'."

„Wohin ziehen?" war die lakonische Anfrage.

„Auf Simla, natürlich! Der Club hier ist nur eine laute Kneipe. So ein mieses Polo habe ich noch nie gesehen! Mein bestes Pony ist lahm – an der Schulter. Ich glaube, dieser kleine Bettler Byng hat mich erwischt; und außerdem geht Miss Potter – das Mädchen mit den schwarzen Augen und zwölfhundert im Jahr – weg."

„Nach Simla?" ausdrücklich.

"Ja. Sie will nicht umziehen, aber die Leute, mit denen sie zusammen ist, die Athertons, sind weg, und natürlich muss sie mit ihnen gehen. Dieses Mädchen mag mich – sie glaubt an mich."

„Glaubst du, sie glaubt, dass du das bist, was man hier nennt, ein Millionär?"

„Was für eine grob grobe Art, es auszudrücken! Nun, ich wäre nicht überrascht, wenn sie es täte!"

„Wenn das dann der Fall ist, denken Sie nicht, je früher Sie sie enttäuschen, desto besser!"

„Ausgezeichneter, hochgesinnter junger Mann! Aber warum?"

„Weil es mir so vorkommt, als hätten wir dieses kleine Spiel lange genug gespielt."

„Und Sie sehnen sich noch einmal nach den guten alten Bordschiff- und Poonah-Tagen! Sollen wir in den Zeitungen veröffentlichen, wer wirklich wer ist, und dem *Pioneer einen kleinen „Para" schicken* ?" mit wütendem Sarkasmus.

"NEIN; Aber sehen Sie denn nicht, dass ich, als ich das einnahm, was Sie „in den Hintergrund" nannten, nie gedacht hätte, dass es sich zu einem regelrechten Gesellschaftsbetrug entwickeln oder uns in einem solchen Ausmaß voranbringen würde? Ich bin immer kurz davor, etwas über Geld herauszuplatzen und mich aufzuregen. Wenn ich die Wahrheit sage, werden die Leute schwören, dass ich lüge. Es macht mir nichts aus, wenn sie mich für einen unbedeutenden, faulen jungen Arsch halten; Aber wenn sie vor mir von schrecklicher Armut reden und dann entschuldigend innehalten – wenn sie es entschieden unterlassen, mich zu bitten, Unterhaltungen oder

Wohltätigkeitsorganisationen zu abonnieren – dann sage ich Ihnen, dass mir das nicht *gefällt* . Ich bin ein Hochstapler. Wenn wir nicht aufpassen, wird es eines Tages eine schreckliche Explosion geben."

„Eine angenehme Explosion für dich. Sicherlich sind Sie nicht so dumm, anzunehmen, dass irgendjemand schlechter über Sie denken würde, weil Sie ein reicher Mann sind."

Marks Gedanken wanderten zu Honor Gordon und er gab keine Antwort.

„Wir sind zu weit gegangen, um zurückzugehen", fuhr Waring eindrucksvoll fort, „zumindest was Shirani betrifft." Wir könnten unseren Himmel ändern und nach Simla gehen und dann nach einer Weile zulassen, dass die Wahrheit ans Licht kommt."

„Es tut mir zutiefst leid, dass ich jemals die Wahrheit verfälscht habe", rief der andere, stand auf und ging auf der Veranda umher. „Ich habe nie direkt gelogen, und niemand hat *mich jemals verdächtigt* – ich habe weder ein vornehmes Auftreten noch den Geschmack eines reichen Mannes; Jetzt haben Sie" – er blieb plötzlich vor Clarence stehen und musterten ihn von oben bis unten – „beides."

„Stimmt, oh König! und die Leute kamen zu ihren eigenen Schlussfolgerungen. Können *wir* da helfen? Es hat mir eine wahnsinnig gute Zeit beschert und Ihnen viel Ärger und Ärger erspart. Das Mädchen in der karierten Weste hätte dich schon vor Monaten geheiratet."

"Nicht sie! Ich bin nicht so leicht zu heiraten!" erwiderte der andere empört.

„Ich bin sehr erleichtert, das zu hören. Ich freue mich, dass Sie sich an die Anweisungen von Onkel Dan erinnern. Ich hatte Angst, dass sie dir langsam aus dem Kopf verschwinden würden, und wenn ich sie bedenke, denke ich, dass es für *alle* Beteiligten umso besser ist, je früher du aus Shirani austrittst."

„Ich werde mich nicht rühren", sagte Jervis entschlossen; „Und du kennst den Grund."

Waring blies einen Schluck Rauch weg und sagte dann gedehnt: „Natürlich – Miss Gordon."

"NEIN; mein Vater", errötete wie ein Mädchen. „Sie wissen, dass er im Umkreis von vierzig Meilen von hier wohnt, und das war der Grund, warum ich unbedingt nach Shirani kommen wollte."

„Ja, ich verstehe vollkommen; und ich möchte unbedingt *bleiben* !"

„Ich schrieb ihm", ignorierte diese Anspielung, „und sagte, ich würde hier bis Oktober warten, in der Hoffnung, ihn zu sehen."

„Du wirst ihn nie sehen", so stieg ihm nun eine Menge Rauch in die Nase.

„Die Zeit wird es zeigen – ich hoffe, ich werde es zeigen."

„Und für keinen Menschen steht die Zeit still! Die Athertons und Miss Potter beginnen in zehn Tagen, und ich werde sie begleiten; Es gibt nichts Schöneres, als mit einer jungen Dame zu reisen, um seine Interessen voranzutreiben – wie *du* weißt, mein Junge. Seien Sie jetzt nicht böse. Ja, ich bin weg. Ich bin kein Erbe eines Millionärs und muss *meine* Interessen berücksichtigen. Wenn du meinen Rat befolgst, wirst du der kleinen Party beitreten."

"Nein danke; Ich bleibe hier."

„Wollen Sie damit sagen, dass Sie die nächsten vier Monate an diesem toten und lebendigen Ort bleiben werden?"

„Das tue ich – jedenfalls bis mein Vater mich holen lässt" – und er hielt einen Moment inne – „oder bis zum Ende der Saison."

„Tatsächlich im Klartext, *bis die Brandes untergehen* ", wiederholte Clarence bedeutungsvoll; Er stand auf, warf das Ende seiner Zigarette weg und schlenderte hinüber zur angrenzenden Messe.

KAPITEL XX.
Fräulein Paske trotzt ihrer Tante.

Mrs. Langrishe stimmte äußerst träge der ständigen Bemerkung zu: „Was für ein bezauberndes Mädchen Miss Gordon ist! und was für ein Favorit sie geworden ist! Ihre Tante und ihr Onkel sind ihr sehr ergeben." Traurig dachte sie bei diesen Gelegenheiten an ihre eigene Nichte Lalla, die wie eine Fee tanzte, oder an die Mondstrahlen auf dem Meer, die auf Bällen immer umringt war und deren Banjospiel und kluge Sprüche sie unentbehrlich machten; Ohne Miss Paske galt keine Unterhaltung als vollständig.

Diese sozialen Triumphe waren entzückend; aber leider! Die schöne Lalla war *Joie de rue, ouleur de maison* , und ihre Tante, die in der Öffentlichkeit so selbstgefällig lächelte, als sie zu den gesellschaftlichen Erfolgen ihrer jungen Verwandten gratulierte, wusste in ihrem Herzen, dass sich dieselbe Verwandte als Täuschung und grausamer Betrüger erwiesen hatte. Fanny war *viel* schlauer gewesen, als sie vermutet hatte, indem sie eine wahre Straftat begangen hatte – eine sehr gemeine kleine Falschmünze. Es stimmte, dass Fanny in ihrer Beschreibung nicht wirklich gelogen hatte. Lalla war gutaussehend, *pikant* , gebildet und ausgeglichen; aber ein unausgeglichenes Temperament wäre weitaus leichter zu ertragen gewesen. Wenn die junge Dame Vorwürfe machte oder sie scharf ansprach, lächelte sie lediglich. Als sie den Wunsch hatte, dies oder jenes nicht zu tun, tat sie es – und lächelte. Wenn ihre Tante in seltenen Fällen die Beherrschung über sie verlor, strahlte sie förmlich. Sie versuchte nie zu widersprechen, sondern ging einfach ihren eigenen Weg, so unerschütterlich und hartnäckig wie eine ganze Schar von Maultieren des Kommissars.

Es war ihr ausdrücklich verboten, an Sonntagspicknicks teilzunehmen, sie besuchte sie aber dennoch. Sie wurde gebeten, bei Bällen nicht in „kala juggas" (dunklen Ecken) zu sitzen. Mrs. Langrishe hätte sich vielleicht den Atem gespart, denn wenn sie auf Bällen zufällig einen Blick auf einen Ball werfen würde, würde sie mit ziemlicher Sicherheit einen jungen Mann in Gesellschaft ihrer unverbesserlichen Nichte sehen, der ihr mit strahlendem Gesichtsausdruck zunicken würde weigere mich lachend, nach Hause zu gehen.

Arme Frau Langrishe! sie konnte keine Szene machen. Lalla, die schlaue Lalla, war sich bewusst, dass ihre Tante sich geduldig jeder privaten Demütigung unterwerfen würde, bevor die Welt ahnen konnte, dass ihre Nichte völlig außer Kontrolle geraten war und dass sie nicht mit ihr klarkommen konnte. Miss Paske nutzte dieses Wissen bequem aus, bis sie ihren stattlichen Begleiter fast in den Wahnsinn trieb.

Die junge Dame war entschlossen, sich zu amüsieren, das Beste aus ihrem Leben zu machen und möglicherweise gut zu heiraten. Sie behandelte sich im Haus ihrer Tante wie ein geehrter und angesehener Gast – kommandierte die Bediensteten herum, störte bestehende Vereinbarungen und bat die Männer ständig zum Mittagessen oder Tee oder – oh, Höhepunkt! – zum Abendessen. Als man ihr Vorwürfe machte, bemerkte sie lediglich mit ihrem heiteren, bezaubernden Lächeln:

„Oh, aber, Liebling" – sie nannte Mrs. Langrishe immer „Liebling", selbst in den kritischsten Momenten – „Ich habe es immer bei Tante Fanny gemacht! sie hatte nie Einwände; *Sie* war so gastfreundlich."

Sie leistete im Haushalt keine Hilfe und saß meist in ihrem eigenen Zimmer, wickelte ihren Pony in Locken, studierte ihre Rollen oder schrieb Briefe. Ihre wichtigste Vertraute war Mrs. Dashwood, die auf der Bühne gewesen war, und die Männer der Theaterkulisse; und sie teilte ihrer entsetzten Begleitperson schlicht mit, dass sie als das schnellste Mädchen Indiens galt und sich dieser Auszeichnung rühmte.

„In Kalkutta nannten sie mich ‚Wolkenkratzer'", fügte sie mit einem selbstgefälligen Lachen hinzu.

Was war zu tun? Diese Frage stellte Mrs. Langrishe zunächst Granby und dann sich selbst. Noch nie hatte sie eine so elende Zeit verbracht wie in den letzten zwei Monaten. Missachtet, verspottet und unter ihrem eigenen Dach herumkommandiert zu werden; von einem mittellosen, verabscheuungswürdigen Luder herausgefordert, gestreichelt und mit liebenswerten Schimpfnamen beschimpft zu werden, der sogar für das Geld für Briefmarken und Opfergaben von ihr abhängig war! Sollte sie ihre Überfahrt bezahlen und sie nach Hause schicken? Nein, sie würde sich nicht geschlagen geben – sie, die kluge Frau der Familie! Sie würde den kleinen Kerl gut heiraten – auf eine Art und Weise, die sich positiv auf ihre eigene Ehre auswirkte – und sich dann *für immer* von ihr trennen …

Die erste Theaterreihe war ein großer Erfolg. Miss Paske war die Hauptdarstellerin des Stücks und sah von der anderen Seite des Rampenlichts aus bezaubernd aus. Kapitän Waring, der die Bühne liebte, war hinter die Kulissen gegangen und hatte auf eigenen Wunsch Lallas kesses kleines Gesicht bemalt, was bei den anderen Damen beträchtliches Sodbrennen und Eifersucht hervorrief, zumal das Ergebnis ein völliger künstlerischer Triumph war.

Jeder war hingerissen von dem lebhaften Spiel und dem lebhaften Tanz der Primadonna, der sowohl schneidig als auch anmutig war – kurz gesagt, von der wahren Poesie der Bewegung. Auch ihr Kleid – was davon überhaupt vorhanden war – war bis ins kleinste Detail perfekt. Der Rocktanz steckte noch in den Kinderschuhen – eine Lady *Figurante* war ein seltenes Spektakel auf einer indischen Bühne, und der neuartige und erstaunliche Charakter der Aufführung riss die Zuschauer in den Bann, und Lalla und Toby Joy teilten sich die Ehre des Abends dazwischen ihnen.

Frau Langrishe war insgeheim entsetzt. Sie hatte in dem Stück nur Lallas Kostüm gesehen; Lalla und der Dirzee (den sie völlig monopolisierte) hatten es gemeinsam komponiert – sie hatte es geplant, er hatte ihre Skizze ausgeführt. Es hatte mysteriöse Konferenzen und Verhandlungen gegeben, von denen ihre Tante strikt ausgeschlossen worden war, und Mrs. Langrishe war viel zu stolz, um Interesse oder Neugier an der Angelegenheit zu zeigen; Aber in ihren wildesten Momenten hatte sie nie von dem Charakter des Kleides geträumt – oder von seinen Grenzen!

Als sie in der ersten Reihe saß und die wedelnden Arme und geschmeidigen Glieder ihrer abscheulichen Nichte betrachtete, ahnten ihre Nachbarn kaum, dass sich unter ihnen ein sozialer Märtyrer befand – ein Märtyrer, dessen Leiden durch das selbstzufriedene Grinsen noch schlimmer wurden Luftiger Kuss, den die schöne Tänzerin geruht hatte, ihr zuzuwerfen!

Als Lalla danach, eng umhüllt und mit Kapuze bekleidet, bescheiden die Glückwünsche ihrer Freunde entgegennahm, bemerkte sie ihnen verschämt:

„Oh, du hast *keine* Ahnung, wie nervös ich zuerst war! Meine armen kleinen Knie zitterten tatsächlich unter mir."

„Waren sie? Ich habe *sie* nicht bemerkt ", entgegnete Frau Brande in ihrer strengsten Art; und die Zuhörer gaben zu, dass bei dieser Gelegenheit „die alte Mutter Brande gepunktet hatte!"

Am nächsten Morgen betrat Mrs. Langrishe, nachdem sie sich zunächst mit einem Glas Wein gestärkt hatte, die Gemächer ihrer Nichte, um eine wirklich stichhaltige Schelte auszusprechen, deren Kern darin bestand (wie der zuhörende Ayah anderen zutiefst interessierten Hausangestellten wiederholte). sie nahm einen Zug am Huka des Kochs)—

„Solange Sie in *meinem* Haus sind und unter meiner Obhut stehen, müssen Sie sich anständig verhalten. Sollte dies nicht möglich sein, wie ich befürchte, werde ich Sie direkt nach Hause schicken. Der Ayah bringt Sie nach Bombay und verabschiedet Sie in der zweiten Klasse. Die Klasse, die am besten zu Ihren Manieren passt, ist jedoch die Zwischenklasse. Ihr Schauspiel und bis zu einem gewissen Grad auch Ihr Tanz waren sehr gut; Aber es wundert mich nicht, dass Mrs. Brande über Ihr Kleid schockiert war, oder vielmehr über den Mangel daran – kaum unterhalb Ihrer Knie!"

"Frau. Brande ist eine engstirnige alte Kröte!" rief Lalla verächtlich. „Ich glaube nicht, dass sie jemals in ihrem Leben in einem englischen Theater war. Sie sollte einige der Kleider zu Hause sehen!"

„Das ist nicht der richtige Weg, sich einzuleben, und das weißt du", fuhr ihre Tante fort. „Es war ein großes Glück, dass Sir Gloster nicht anwesend war — er ist ein Mann mit sehr korrekten Ideen."

„Dieser dumme, träge Trottel! Was sind seine Ideen für mich?" spottete Lalla mit einem wahnsinnigen Lächeln.

„Ich wünschte, er hätte eine Vorstellung *von* dir", erwiderte ihre Tante. „Ich bin sicher, ich sollte sehr dankbar sein. Sie wissen jedoch, dass wir in vier Monaten untergehen, und denken Sie daran, dass dies Ihre letzte Chance ist!"

Daraufhin, so die Ayah, habe Miss Sahib „ausgiebig gelacht".

Aber Miss Sahib hat sich den Rat offenbar zu Herzen genommen. Ein paar Tage lang war sie äußerst temperamentvoll und zurückhaltend und nahm ihre kürzlich gewonnenen Auszeichnungen und die Bezeichnung „Miss Taglioni" mit einer Miene sanftmütigen Protests entgegen, die einfach entzückend war.

Dem Stück folgte bald ein Konzert im Club; und hier stellte Miss Gordon mit ihrer Geige Miss Paske einmal völlig in den Schatten. Was für ein Kontrast sie präsentierten. Die kleine grinsende, sich verbeugende, grimassierende Gestalt in Rosa, mit Wolken aus flauschigem Haar und Banjo, übersät mit bunten Bändern, die den Mangel an Stimme durch Ausdruck, Chic und Unverschämtheit wettmachte und Tommy Atkins in die vier Anna warf Sitze, in einen Delirium der Begeisterung.

Dann kam die große junge Dame in Weiß mit statuarischen Armen, die nach und nach ihre Zuhörer in ihren Bann zog und die Gefühle ihres Publikums in der Handfläche ihrer kleinen Hand festhielt, die ihren Bogen führte.

Ausnahmsweise war sich Mrs. Brande bewusst, dass Honor, wie sie es im Geiste ausdrückte, „diesen dreisten kleinen Affen ausgelöscht" hatte, und obwohl sie persönlich die Banjo- und Nigger-Melodien bevorzugte, mochte das Publikum in den beiden Rupien-Lokalen dies offenbar *nicht* Sie applaudierten begeistert, stampften auf und riefen: „Zugabe! Zugabe!" und schien bereit zu sein, das Haus abzureißen. Und selbst der junge Jervis, der normalerweise so zurückhaltend und unauffällig war, hatte geklatscht, bis seine Handschuhe geplatzt waren.

Frau Langrishe blieb mit ihrem Lob nicht zurück. Sie würde es niemandem überlassen, zu erklären, dass sie auf Miss Gordons überwältigenden Erfolg neidisch sei, aber zu sich selbst sagte sie:

„Oh, wenn Honor Gordon nur *ihre* Nichte wäre! Wie dankbar wäre sie, Beziehungen mit Frau Brande auszutauschen. Hier war ein einfaches, wohlerzogenes Mädchen, das überall glänzen konnte und in ihren jetzigen Händen völlig verloren ging. Es stimmte, dass Sir Gloster sehr beeindruckt schien; *Das* sahen alle , außer dem Mädchen selbst und ihrer alten Tante. Er hatte sie nie aus den Augen gelassen, als sie im Rampenlicht stand, und sie hatte ein unbestreitbar bezauberndes Bild abgegeben, schlank und anmutig, mit einem altmodischen Ausdruck mädchenhafter Würde, und *wie* sie spielte!"

Sie warf einen Blick auf ihre ganz besondere junge Dame, die nun vortrat, um inmitten der lautstarken Anfeuerungen der hinteren Bänke ein weiteres Liedchen zu singen.

Lalla war hübsch, ihr blondes, weiches Haar war auf jeden Fall hochgesteckt (eine erlernte Kunst), ihre Augen waren strahlend, ihr Stil *pikant* , aber ihr Ausdruck war alles, und oh, was für ein kleiner Dämon sie war!

Und dann sang sie — sicherlich war sie die erfolgreichste Kantänzerin, die jemals ohne Stimme gesungen hat.

„Was für eine charmante Insassin Ihre Nichte sein muss, Mrs. Langrishe", bemerkte eine Dame neben ihr. „So amüsant und hell, ein echter *Sonnenstrahl* im Haus."

Darauf antwortete der arme Märtyrer mit einem etwas starren Lächeln: „Oh ja, in der Tat, ganz entzückend."

Sie beneidete Mrs. Brande noch mehr um ihren Schatz, als sie beim Verlassen des Clubs bemerkte, wie Honor ihre Tante liebevoll einwickelte — denn es war eine nasse Nacht gewesen — und einen scherzhaften Scherz machte, während sie ihr eine Kapuze unter die Kapuze band kinn. *Ihre* Nichte hatte sich die einzige Regenjacke genommen und war in ihrer Rikscha mitten im ersten Flug davongerollt, begleitet von einem jungen Mann, der neben ihr fuhr.

„Sie ist mit Toby Joy losgegangen! „Ich bin wirklich erstaunt, dass Frau Langrishe ihr erlaubt, so unabhängig zu sein", sagte eine Stimme (die Stimme einer Frau) im Dunkeln, dicht neben dieser misshandelten Dame und glücklicherweise nichts von ihrer Nähe wissend.

Elende Mrs. Langrishe, wenn sie nur *alles wüssten* , würden die Hartnäckigsten sie sicherlich bemitleiden.

Sie kehrte alleine nach Hause zurück und war fest entschlossen, mit Lalla zu reden, doch als sie ankam, war ihre Wut verebbt. Sie entdeckte den Täter, wie er in einem Sessel lag, mit Granby eine freundliche Zigarette rauchte und

ihn mit der unnachahmlichen Nachahmung einiger ihrer Mitdarsteller
unterhielt.

„Oh, also bist du endlich aufgetaucht!" rief Lalla mit träger Überraschung.
„Pfui, pfui, wie spät bist du doch, Liebling! *Ich bin* schon ewig zu Hause. Ich
nahm die wasserdichte Hülle, um mein geliebtes Banjo abzudecken – ich
„wickelte es in seine Planenjacke ein", wie Sie das Lied kennen. Da ich dich
nicht sah, war ich mir sicher, dass irgendein schrecklicher Langweiler dich
gepackt hatte, und ich wusste, dass du es *hassen würdest* , mich im Regen
warten zu lassen, also rannte ich sofort nach Hause."

KAPITEL XXI.
DAS GROSSE HUNGERPICKNICK.

Die „Picknick"-Saison in Shirani begann mit beispielloser Heftigkeit. Es gab Teepicknicks – eine kostengünstige Form der Unterhaltung, die den sparsamen Menschen am Herzen lag, die sich schmeichelten, sie könnten alle Sozialschulden durch ein Tischtuch abtilgen, das auf einem moosigen Hang ausgebreitet war (nur eine kurze Fahrt vom Quartier entfernt), und so weiter Sie laden ihre Freunde ein, billiges Obst, selbstgebackenen Kuchen und geräucherten Tee zu sich zu nehmen – die ausgewählte „Ansicht" deckt jeden Mangel ab. Es gab gemütliche kleine, ausgewählte Teegesellschaften, bei denen die Speisen köstlich und luxuriös waren und zur Gesellschaft passten – appetitliche Mittagessen, die meilenweit entfernt unter Kiefern zur Diskussion gebracht wurden, mit Blick auf undeutliche blaue Täler und strahlend weiße Gipfel; Und von all diesen Expeditionen war das Picknick „Arche Noah" unbestritten das beliebteste.

Im Juni deuteten das Klima, die Gesellschaft und die Landschaft von Shirani auf Picknicks hin, und es gab wieder Picknicks und noch mehr Picknicks. Sie waren unzeremoniell, leicht zu genießen und leicht abzulehnen. Neuankömmlinge von unten konnten nach einem Monat in düsteren, kühlen Kiefernwäldern oder nach einer kritischen Untersuchung eines tiefen Tals mit wunderschönen Waldbäumen und leuchtend roten, rosa und weißen Rhododendren kaum glauben, dass es so etwas gab Tief unter ihnen lagen sie als gelbbraune, hartgebackene Ebenen, über denen statt einer zarten, duftenden Brise der dreiste Mund der feuerfressenden heißen Winde brüllte. Die Saison *im Freien* gipfelte in einem „verheirateten Damen"-Picknick, das hauptsächlich von Mrs. Langrishe und Mrs. Brande veranstaltet wurde. Auf der Damentoilette des Clubs hatte eine Ausschusssitzung stattgefunden; Frau Langrishe wurde zur Sekretärin gewählt, da sie sehr geschickt im Umgang mit der Feder war. Die Konferenz fand hinter verschlossenen Türen statt – feierlich – und geheim.

Dennoch waren einige Anträge und Vereinbarungen durchgesickert. Es war bekannt, dass Frau Brande sich freiwillig bereit erklärt hatte, den Champagner zu liefern – außerdem Geflügel, Schinken und Pasteten. Frau Sladen war wegen Nachmittagstee, Tassen und Untertassen, Milch, Zucker und Kuchen da. Mrs. Dashwood stellte Stumpen, Zigaretten und Zigaretten zur Verfügung.

Mrs. Loyd, die Süßigkeiten, Torten, Gelees und *Baisers* .

Mrs. Clark, die Suppe.

Mrs. Glover, das Eis. Die Sache sollte mit Stil erledigt werden.

Frau Paul, die Frau des Padré (die eine große Familie hat), wurde mit einem Kaffee entlassen.

„Ihre eigenen Tassen und Löffel natürlich", fügte die Sekretärin gebieterisch hinzu.

Mrs. Langrishe – sie atmete erwartungsvoll ein, als sie ihren eigenen Namen vorlas: „Nun, sie würde für die Termine, Tischdecken und Servietten, Teller, Messer und Gabeln, Brot, Salat – und Wasser sorgen." ." Es entstand eine Pause, und sie fuhr eindrucksvoll fort:

„Es war nicht *jeder*, der bereit war, seine schönen Sachen zu riskieren" (sie borgte sich etwas von Manockjee, dem Parsee-Laden); „Aber *sie* würde es wagen", und ihre sanftmütigen Koadjutoren nahmen ihren Beitrag ebenso dankbar an wie Mrs. Brandes Champagner und Schinken. Es war eine ihrer üblichen Meisterleistungen, und das Picknick würde sie nichts kosten, außer der Verwendung von Haushaltswäsche und ein paar Broten.

Die ganze Station sollte eingeladen werden; Der ausgewählte Ort lag fünf Meilen von Shirani entfernt. Die Gäste sollten sich im Haus von Frau Langrishe versammeln. Mit ihrem gewohnten Können nahm sie die gesamte Ehre auf sich und kassierte im Vorfeld die volle Ehre der Unterhaltung. Natürlich sollte es eine Angelegenheit der Arche Noah werden.

Die Gesellschaft traf sich um halb elf im „St. Germain's" (Bungalow von Major Langrishe) und Mrs. Brande, die den teuersten Teil des Festmahls bewirtete, empfanden es in der Tat als *etwas* schwierig, von der Frau, die nur Geschirr und Tischdecken mitbrachte, als Gast empfangen zu werden Alle Hostessen waren insgeheim unruhig und unzufrieden. Die Damen tauchten ihre Hände in einen Korb und jede zeichnete den Namen eines Mannes (ihr Schicksal) auf einen Zettel, und obwohl Lalla glaubte, dass sie ihn bis auf den Grund gestoßen hatte – mit einer kleinen Drehung im Papier, so dass Sie konnte es selbst erkennen – Honor zog den Preis in Form von Sir Gloster Sandilands zur offensichtlichen Freude dieses Herrn. Anschließend bot Honor an, ihn auszutauschen oder erneut zu zeichnen, als Lalla ihr scharf versicherte, dass „ein Fehler vorlag – dass sein Name zweimal geschrieben worden war und dass sie auch den Baronet gezogen hatte." Schließlich wurde vereinbart, dass Honor und Lalla sich trennen sollten – Honor sollte mit Mr. Jervis und Lalla mit Sir Gloster zum Picknick reiten und auf der Rückreise Kavaliere austauschen. Somit wurde die Angelegenheit einvernehmlich geklärt. Honor wäre dankbar gewesen, wenn sie den Baronet ganz gemieden hätte: Sie hatte mehr als nur eine vage Vorstellung davon, dass er sie mochte, und er redete ständig mit ihr über seinen Platz zu Hause und seine Mutter und sagte, wie sehr er sich wünschte, er könnte es stelle ihr beides vor. Mrs. Brande konnte sich nicht darüber beschweren, dass *er* nicht vorbeikam: Unter dem einen oder anderen Vorwand kam er jeden Tag und brachte ein

Buch oder eine Zeitung mit oder schaute vorbei, um nach dem Namen einer wilden Blume zu fragen oder um eine Tasse Tee zu bestellen. oder ohne jegliche Entschuldigung, sondern einfach nur dazusitzen und Honor Gordon anzustarren.

Mrs. Brande war nicht ganz so eine blinde Fledermaus, wie manche Leute annahmen. Diese mögliche Übereinstimmung hatte einige Vorteile. Es wäre fast der Tod von Frau Langrishe! ihre Nichte wäre Lady Sandilands; aber andererseits konnte sie es nicht ertragen, ihre Ehre zu verlieren! Auch Shirani hatte die Augen weit geöffnet, und Mrs. Daubeny hatte ihrer Tochter die beiden neuen Kleider widerrufen.

Schließlich machte sich die *Truppe* auf den Weg zum Schauplatz ihrer nächsten Mahlzeit, einige reitend, andere zu Fuß, viele Damen in Dandys. Die Entfernung betrug fünf Meilen, durch grüne Täler, grüne Lichtungen und steile Pfade, die durch den Wald gehauen waren. Kapitän Waring hatte die Erbin gezogen und war glücklich; Sir Gloster war bei Lalla, die strahlend war. Zwischen manchen Paaren herrschte ein beträchtlicher Abstand, während andere so eng beisammen blieben wie in einer Mädchenschule.

„Ich wusste nicht, dass Hunde zu Picknicks eingeladen werden!" rief die mürrische Stimme eines Dandys, der sich hinter Miss Gordon, Mr. Jervis und Ben stellte.

„Ben hatte eine besondere Einladungskarte ganz für sich allein, Mrs. Dashwood", antwortete seine Besitzerin.

„Nun, ich vertraue darauf, dass er der einzige seiner Spezies ist, der diese Ehre erhalten hat, und dass dies kein Präzedenzfall sein wird."

„Magst du keine Hunde?" fragte Jervis.

„Nein, ich habe schreckliche Angst vor ihnen, und sie scheinen es zu wissen. Der einzige Hund, den ich tolerieren könnte, wäre ein Hund ohne Zähne! Nun, ich muss weitermachen – ich hoffe, Sie machen sich Miss Gordon gegenüber sehr angenehm, Mr. Jervis?" fügte sie spielerisch hinzu.

"Ich fürchte nein. Mein Ideenvorrat ist eher gering; Vielleicht können Sie ein neues und interessantes Thema vorschlagen."

„Dein eigenes Leben und deine Abenteuer", rief die Dame, als sie an ihnen vorbeiging; "Versuch das."

"Worüber haben wir geredet?" sagte Jervis. „Sollen wir auf die letzte Bemerkung vor sechs zurückkommen?"

„Leichter gesagt als getan", erwiderte sein Begleiter fröhlich; „Wir müssen ein neues Thema beginnen."

„Nun, ich bezweifle, dass mein Leben und meine Abenteuer von aufregendem Interesse sein würden", fuhr er fort und wandte sich an Honor, und es fiel ihr auf, dass sie ihren jetzigen Begleiter noch nie in irgendeiner Weise auf sein Zuhause oder seine Habseligkeiten anspielen hörte. Das war eine schöne Eröffnung, wenn er sie nur nutzen würde.

"Frau. Dashwood hat mir eine schwere Aufgabe gestellt – es ist nicht jedermanns Sache, eine abenteuerliche Karriere zu machen." (Wenn alle Geschichten wahr wären, hätten sensationelle Ereignisse die Geschichte der Dame weitgehend geprägt.) „Was hätten Sie nun lieber – interessante Unwahrheiten oder sehr langweilige Wahrheiten?"

„Ich glaube auch nicht."

„Und was ist mit *deinem* Leben und deinen Abenteuern?"

„Oh, ich habe den größten Teil meiner Tage in einem ruhigen kleinen Dorf verbracht und kann mich kaum an einen einzigen Vorfall erinnern, außer dass ich einmal einen Eselskarren umgeworfen habe!"

„Ich kann noch einen draufsetzen, wie man so schön sagt, denn ich habe einen Trainer verärgert!" Dann errötete er und fügte hastig hinzu, als ob er jegliche Fragen ablehnte: „Auch ich habe ein gewöhnliches Leben geführt. Ich wurde hier geboren und erst mit sechs Jahren nach Hause geschickt, weshalb ich finde, dass meine Muttersprache zu mir zurückgekehrt ist."

„Das ist in der Tat so – ich war oft erstaunt über Ihre außerordentliche Gewandtheit, Hindi zu sprechen; Ich dachte, dass du ein wunderbares Talent für Sprachen hast."

„Was ich weder habe noch für irgendetwas."

„Miss Paske sagt, dass Sie ein Talent zum Schweigen haben", sagte Honor zurückhaltend.

„Miss Paskes Sprüche werden überall zitiert, mit dem Gewicht so vieler Sprichwörter! Sie sagt, Frauen denken *ausschließlich* in der Kirche. Sie erklärt, dass ihr Geschlecht aus Schüchternheit lüge – und aus nichts anderem. Soll ich fortfahren?"

"NEIN; „Ihre eigenen ursprünglichen Bemerkungen wären mir lieber als Miss Paske aus zweiter Hand", sagte Honor, „obwohl ich gestehe, dass ich dafür verantwortlich bin, sie in das Gespräch einzubeziehen. Was haben Sie gemacht, nachdem Sie aus Indien kamen?"

„Ich bin zur Schule gegangen – von der Schule zum College – und habe dann immer wieder in London gelebt, bis ich hierher kam. Unsere gemeinsamen Leben und Abenteuer bedeuten nicht viel! Ich sehne mich immer nach einer ungewöhnlichen Erfahrung, aber solche Dinge scheinen mich zu scheuen.“

"Sehen! „Da sitzt die arme Frau Sladen auf diesem schrecklichen Zugpferd“, unterbrach Honor plötzlich; „Sie hat schreckliche Angst davor, wagt es aber nicht, es zu sagen –“

„Zwischen dem Teufel und der Tiefsee sein?“

„Was ist die Tiefsee? Colonel Sladen oder der Budmash?“ fragte die junge Dame mit einer Miene unschuldiger Frage.

„Was auch immer du willst. Ich glaube, dass Sladen vor langer Zeit, als er jung und aktiv war, ein erstklassiger Mann auf einem Pferd war und Rennen ritt. Wer würde es denken, ihn jetzt anzusehen? er wiegt etwa siebzehn Kilo!“

„Und bringt die alte Theorie, dass dicke Menschen immer gutmütig sind, völlig durcheinander!“

„Er interessiert sich immer noch für Pferde und Ponys; Sie werden vielleicht bemerken, dass er immer gute Tiere hat.“

„Schön anzusehen“, ergänzte Miss Gordon schnell.

„Ja, und auch gehen; und da er sie nicht wie früher zum Verkauf reiten kann, stößt er nun die arme, unglückliche Frau Sladen in den Sattel. „Die Tiere der Arche Noah sind nicht so schlecht verpaart“, fuhr der junge Mann fort. „Schauen Sie sich bitte das Dâk-Bungalow-Geflügel an, das mit dem europäischen Schinken spaziert! Glauben Sie, dass die Kombination vorsätzlich war?“

„Nein, reiner Zufall, könnte ich mir vorstellen. Ich muss sagen, dass ich es schade finde, wie den Leuten Spitznamen gegeben werden!“

„Ich nehme an, es ist ein müßiges Vergnügen für müßige Gemüter. Ich glaube, dass ich selbst mit ein oder zwei neuen Namen geehrt wurde – das macht mir überhaupt nichts aus – und ich weiß zufällig, dass Waring mit seinem Namen äußerst zufrieden ist!“

„Das ist mehr, als es bei den meisten Menschen der Fall wäre. Glauben Sie zum Beispiel, dass Miss Cook sich freuen würde, wenn sie hört, dass sie als „gute, einfache Köchin“ bekannt ist?“

„Nun, wissen Sie, unsere Krankenschwestern haben uns immer gesagt, dass es besser ist, gut zu sein als schön! Und hier sind wir!"

Das Rendezvous war nun erreicht, und Honor und ihre Begleiterin waren fast die letzten, die eintrafen. Es gab einen herrlichen und ungestörten Blick auf den Schnee, aber einige Leute hätten den Anblick von etwas Essbarem vorgezogen. Was war aus den Kulis und dem Tiffin geworden? Die Tischdecken waren ausgebreitet (und sogar dekoriert), aber bis auf ein paar Salatschüsseln und ein paar Brötchen war nichts Essbares zu sehen.

Es wurden Nachforschungen angestellt, und schließlich verbreitete sich die schreckliche Nachricht, zunächst nach und nach, und wurde dann offiziell bestätigt. Das Mittagessen war verloren gegangen!

Die Khansamahs von Frau Langrishe und Frau Brande – die an der Spitze der Geschäfte standen – waren tödliche Rivalen. Der Mann von Frau Langrishe wollte Anführer sein (wie seine Geliebte); Er erließ das Gesetz und befahl allen Kulis und Dienern, sich seinen Anweisungen zu unterwerfen. „Anstatt ruhig und beschämt zu sein, wie er hätte sein sollen, der – der Nouker" (*dh* Diener) „eines Mem Sahib, der nur leere Teller schickte." Dies war die Idee von Mrs. Brandes Khansamah, und er äußerte seine Meinung laut und wütend. Es kam zu einem verzweifelten Streit. Er sagte, das Mittagessen solle an einen Ort geschickt werden – Mrs. Brandes Mann erklärte ebenso nachdrücklich, dass es an einen anderen geschickt werden sollte. Letzterer war der Mächtigste und vertrat seinen Standpunkt, und was noch schlimmer war, er riss alle anderen Diener und Kulis mit sich fort! In diesem Moment bereiteten sie sorgfältig ein wirklich ausgezeichnetes Mahl zu, an ihrem Lieblingstreffpunkt, genau sieben Meilen auf der anderen Seite von Shirani und zwölf Meilen von der gegenwärtigen hungrigen Gesellschaft entfernt.

Das Essen von Frau Langrishe – ja, es war durchgesickert – war alles, was ihnen vorgelegt werden sollte!

Einige Leute waren extrem wütend. Oberst Sladen, der seinen Durst auf zehn Rupien geschätzt hatte – nicht, dass irgendjemand daran interessiert gewesen wäre, ihn zu kaufen –, war wirklich fast außer sich! Obwohl Sir Gloster verliebt *war , sah er verzweifelt niedergeschlagen aus.* Ich muss ehrlich gestehen, dass „Ben" Brande sichtlich enttäuscht war. Trockenes Brot und Salat waren nicht sein Ding, und er erinnerte sich liebevoll an einen köstlichen Duft aus dem Kochhaus seiner Herrin. Einige Leute lachten – Honor und ihre Begleiterin gehörten zu den lustigsten.

Mrs. Langrishe zeigte sich ausnahmsweise in ihrem wahren Gesicht und zog sich etwas beschämt unter einen benachbarten Felsen zurück. Frau Brande war überwältigt. „Wo", fragte sie mit Tränen in der Stimme, „war ihre Khansamah? Wo waren ihre erhöhten Pasteten, ihr griechischer Salat, ihr gefrorener Spargel?" Doch obwohl ihre gastfreundliche Seele verärgert war, bedauerte sie es nicht, dass der großzügige Anteil ihrer Rivalin so vor aller Augen präsentiert wurde.

Die Partei hat diese beispiellose Katastrophe im Großen und Ganzen außerordentlich gut verkraftet. Sie aßen trockenes Brot (mit oder ohne Salz), tranken Wasser und aßen zum Schluss Salat. Anschließend rauchten die Männer in vollkommene Gelassenheit. Wenn es nur Tee gegeben hätte, aber leider! Der Tee war dem berüchtigten Beispiel des Champagners gefolgt.

Natürlich hatte der Versand eines solchen Mittagessens nicht lange gedauert. Was war zu tun? Wie sollte die nächste Leerstunde eingelegt werden?

Und hier trat Miss Lalla Paske vor und warf sich in die Lücke. In späteren Tagen schrieb ihre Tante Lalla immer *eine* gute Tat zu.

Sie erhob sich, ohne darauf zu warten, dass irgendjemand sie ansah, schlenderte langsam mit ihrer kleinen, stolzierenden Miene davon, bestieg einen moosbewachsenen Felsen, richtete sich in einer malerischen Haltung auf und schickte einen Kavalier zu ihrem Banjo, das sie sogleich zu trommeln begann und auch hatte Bald (wie sie es wünschte) versammelte sich eine Menschenmenge. Als sie ein ausreichend großes Publikum versammelt hatte, stimmte sie mit bewundernswerter Kunstfertigkeit und Lebhaftigkeit eine Niggermelodie an, und sofort stimmten alle Männerstimmen in den Refrain ein. Mrs. Langrishe und Mrs. Brande kamen gemeinsam am Tatort an und erblickten die lebhafte Lalla, den Mittelpunkt der Anziehungskraft, auf einem improvisierten Thron sitzend, umgeben von Bewunderern. Solche Momente gehörten zu den wenigen Entschädigungen ihrer unglücklichen Tante. Oh! Wenn einer dieser Bewunderer doch nach vorne käme und nach der zarten, drahtigen kleinen Hand fragen würde, die jetzt so gekonnt eine *Ranche-* Melodie schlägt.

Die schöne Sängerin gab ein reizendes Bild ab, sie hatte den Familieninstinkt für Wirkung – ihre geschmeidige Figur wurde durch einen dichten grünen Hintergrund in ein entzückendes Relief gerückt, und ein hübscher kleiner Fuß baumelte achtlos über einer Felsplatte – so ein hübscher kleiner Fuß, in so einem hübschen kleinen Schuh!

Und wo war Mrs. Brandes Nichte? Sie stand inmitten der Menge und war bloße Zuschauerin des Erfolgs ihrer Rivalin. Plötzlich reichte Lalla Sir Gloster plötzlich ihr Banjo und sagte energisch:

„Nun, wer möchte schon, dass ihm die Zukunft vorausgesagt wird? Bitte sprechen Sie nicht alle zusammen."

„Lalla ist wirklich großartig", flüsterte Frau Langrishe ihrer Begleiterin zu. „Sie hat die Handlesekunst ausführlich studiert und ist äußerst erfolgreich."

Mrs. Brande wirkte äußerst ungläubig, aber sie konnte erkennen, dass Lalla nun von einem Kreis ausgebreiteter Palmen und einer lautstarken Schar potenzieller Kunden umringt war. (Einige Leute behaupteten, diese Leistung sei nur ein Vorwand für Miss Paske gewesen, Männer an den Händen zu halten, und dass sie absolut nichts von der Zigeunerkunst verstand, aber eine kluge Menschenkennerin sei und sich im Laufe der Zeit geschickt versöhnte.) Außerdem Eine weitere bemerkenswerte und äußerst verdächtige Tatsache: Sie verteilte ausnahmslos die beunruhigendsten Vermögen an diejenigen, die sie nicht mochte. Sie schien ein rachsüchtiges Vergnügen daran zu haben, in aller Ruhe über das drohende Unglück zu reden, und machte mit einem Lächeln die unheimlichsten Ankündigungen.

Im Moment untersuchte sie Mrs. Brandes Hand mit nachdenklich gerunzelter Stirn.

Sie habe nicht die Zeit gehabt, alle Arbeiten zu erledigen, erklärte sie, und diejenigen, die sie übernommen habe, müssten vollständig von ihr selbst ausgewählt worden sein.

„Du hast einen unerwarteten Anteil an den Gütern dieser Welt gehabt", sagte sie schließlich und hob ihre Stimme, sodass jede Silbe hörbar war. „Du wirst immer wohlhabend sein, aber deine gegenwärtigen Hoffnungen werden enttäuscht werden. Im Laufe der Zeit wird sich Ihr Leben verändern. Ihnen droht eine Gehirnerweichung – ja! Ihre Überschrift läuft auf den Mond hinaus – Sie werden wahrscheinlich ein unheilbarer Idiot sein und viele Jahre lang bettlägerig sein."

„ *Danke* ", rief Frau Brande und riss ihre dicke Hand weg. „Das wird mir vorerst genügen." und sie zog sich in die Menge zurück und murmelte unzusammenhängende Sätze, die klangen wie „London – vor dem Polizeigericht, Wahrsagerei gegen das Gesetz – sechs Monate harte Arbeit." Aber Mrs. Brandes schreckliches Schicksal und ihre unterdrückte Empörung konnten andere nicht davon abhalten, als Antwort auf Miss Lallas klare …

"Der nächste."

Miss Ryder, ein hübsches Mädchen mit blondem Haar und kläglichen blauen Augen, trat schüchtern vor und blickte flehend auf das Orakel.

„Ja – hm", und untersuchte kritisch Miss Ryders rosa Handfläche. „Dein Kopf wird vollständig von deinem Herzen regiert, und oh mein Gott! Es gibt ein schreckliches Kreuz auf der Herzlinie, eine zerbrochene Ehe. Nein", drehte die Hand zur Seite, „ich sehe an deiner Hand keine Heiratslinie, sondern viele kleine Sorgen; Wahrhaftigkeit ist *kein* Attribut – nein; Sie werden lange leben und sich einigermaßen guter Gesundheit erfreuen."

Miss Ryder wich mit deutlich ernüchternder Miene zurück, und als Antwort auf den Wunsch der Wahrsagerin wurde Mark Jervis nach vorne geschoben. Er reichte ihm widerstrebend die Hand und hätte sie nur wegen der üblichen Abneigung des Engländers gegen Aufhebens ganz zurückgehalten. Miss Paske mochte Mr. Jervis mit seiner kühlen, zweideutigen Art nicht – er war nur ein Mitläufer, kaum Pulver und Schuss wert, aber er war ein Freund von Honor Gordon, und sie würde ihn zu ihrem Vorteil lächerlich machen!

„Oh, was für eine Hand!" rief sie mit einem verächtlichen Lachen aus. „Eine durchaus faire Überschrift, eine große Fähigkeit, den Mund zu halten, insbesondere zu jedem Thema, das Sie selbst betrifft. Sie halten es nicht für nötig, immer die *ganze Wahrheit zu sagen.*" Das war ein spürbarer Heimstoß, denn angesichts der halben Shirani wurde Mark Jervis sichtlich rot. „Geheimnisvoll, klar im Kopf, mit großer Selbstbeherrschung. Ja; Sie würden einen guten Verschwörer abgeben, und *ich denke,* Sie sind ein bisschen ein Hochstapler." Wieder vertiefte sich die Farbe auf der gebräunten Wange des Motivs. „Herzlinie *gleich Null*. Ich sehe, dass das Schicksal sehr gebrochen ist – das Zeichen einer Art Gefangenschaft; „Ein Leben in Einsamkeit und Abgeschiedenheit", und sie hält die Handfläche näher an ihre Augen, „dir steht eine große und unerwartete Wende im Schicksal bevor, die Ärger mit sich bringt. Und da ist das Zeichen – ein gewaltsamer Tod, sonst bist du die Ursache für den Tod einer anderen Person – die Zeilen", er ließ seine Hand mit einer hoffnungslosen Geste fallen, „sind wirklich zu schwach, um noch mehr mit Erfolg zu lesen."

"Schrecklichen Dank; Es ist sehr nett von dir, mich so leicht im Stich zu lassen. Ich weiß, dass du ein Halfter in meiner Hand siehst, aber ich wollte meine Gefühle schonen."

Lalla sah ihn empört an – er lachte. Wie konnte er es wagen, sie auszulachen?

„Jetzt sind Sie dran, Sir Gloster" – und winkte ihm freundlich zu.

Sir Gloster streckte eine sehr große, weiche, weiße Hand aus und sagte: „Das ist schlimmer als der Stuhl der Reue." Wenn Sie etwas sehr Schlimmes entdecken, flehe ich Sie an, es mir ins Ohr zu flüstern, meine liebe Miss Paske."

„Das *ist wirklich* eine Hand!" rief sie und sah sich um, als wäre sie überrascht, dass es kein Fuß war! „Sie haben eine großartige Überschrift."

Sir Gloster errötete bewusst und warf Honor einen verstohlenen Blick zu, als wollte er sagen: „Ich hoffe, Sie haben *das gehört* !"

„Ein ziemlich überragender Intellekt – Sie könnten fast alles tun, was Sie wollen – und werden wahrscheinlich bei Ihren Zielen erfolgreich sein. Ein starker Wille; eine großartige Schicksalslinie – ja, ja, ja, *all* die guten Dinge!

Du wirst eine schöne Frau heiraten; Sie werden sie in Indien treffen – tatsächlich *haben Sie* sie bereits getroffen. Du hattest einige Krankheiten, bevor du zehn warst …"

„Das ist sicher", spottete Frau Brande aus dem Hintergrund; „Zahnen und Masern – das hätte *ich* sagen können!"

„Du hast wirklich eine großartige Hand", fuhr Lalla fort. „Ich würde gerne einen Abguss davon machen."

„Sie hätte es gern ganz", grunzte Colonel Sladen zu seinen unmittelbaren Nachbarn.

„Nun, Captain Waring, für Sie?" rief das Orakel einladend.

Kapitän Waring, lächelnd, wohlhabend und bereit, sich zu amüsieren, trat eifrig vor.

„Eine schöne breite Palme! Eine großartige Schicksalslinie; große Reichtümer sind stark ausgeprägt – eher anfällig für unser Geschlecht; eine wunderbare Fähigkeit, Menschen anzuziehen; Du wirst einige Jahre lang nicht heiraten." Als er beiseite trat, sagte Lalla: „Zu guter Letzt, Miss Gordon. „Oh, kommen Sie mit, Miss Gordon" – sie winkte mit gebieterischem Finger.

„Danke, ich möchte lieber nicht fertig sein", antwortete sie steif.

"Was?" fragte der junge Jervis leise. „ *Nicht* abgeschlachtet werden, um einen Bahnhofsurlaub zu machen?"

„Oh, Unsinn!" beharrte Lalla ziemlich schrill. „Deine Tante ist ‚fertig', wie du es nennst, und ich bin gespannt, zu welchem Typus deine Hand gehört – sie ist auf jeden Fall künstlerisch."

„Da ist ein netter kleiner Köder für dich", flüsterte Jervis. „ *Das können Sie sicher nicht ablehnen .*"

„Oh, Miss Gordon, wir alle wollen Ihr Schicksal hören", riefen mehrere Stimmen; und trotz ihres Unwillens geriet Honor bald in die Fänge von Miss Paske.

"Hm! Künstlerisch, ja. Eine dunkle Hand; ein *wenig* betrügerisch; nicht viel Herz; *sehr* ambitioniert. Ich sehe eine Krankheit wie Pocken oder einen schlimmen Unfall, der auf Sie wartet; Du wirst heiraten, wenn du ungefähr vierzig bist. Lass mich noch einmal schauen. Nein, Sie und Ihr Mann werden da *nicht* zustimmen. Du wirst lange leben und plötzlich sterben."

„Wie ich wünschte, jemand könnte Miss Paskes Wahrsagen sagen!" rief Kapitän Waring mit ungewöhnlicher Lebhaftigkeit. „Soll ich es versuchen?" ergreift es plötzlich. „Große Lebhaftigkeit; despotischer Wille; Liebe zur Bewunderung; Herzlinie *Null* ; und der Gürtel der Venus – oh – oh –"

„Oh, Unsinn!" – und reißt es ungeduldig weg. „Hier ist Mr. Joy, der etwas *viel* Interessanteres weiß – einen neuen und viel kürzeren Weg, nach Hause zu kommen."

Dies war offenbar ein wichtiger Geheimdienst. Ja, es herrschte große Eifer beim Aufbruch. Hunger ist eine vulgäre, aber sehr menschliche Schwäche, und bald machten sich alle auf den Weg in die Spur der zerstreuten Toby und Miss Paske; und nichts als ein paar Fetzen Zeitungspapier und Zigarrenstummel markierten den Abschluss dessen, was bis heute in Shirani als „Großes Hungerpicknick" bekannt ist.

KAPITEL XXII.
TOBY JOY'S KURZSCHNITT.

Honor Gordon und Sir Gloster schickten ihre Ponys voraus – da der Weg nur bergab führte – und beschlossen, zu Fuß zu gehen. Um die Wahrheit zu sagen, der Herr war ein nervöser Reiter und bevorzugte die Bewegung zu Fuß. Es war eine beunruhigende Tatsache, dass Sir Gloster, während er Miss Gordon und ihre Eskorte auf dem Weg zum Picknick eng begleitet hatte – und zwar so sehr, dass er fast immer in Hörweite war –, nun jeden aus der Gruppe, der sich meldete, brüsk abschüttelte der Wunsch, sich an ihn und seinen Begleiter zu binden.

„Miss Paske war als Wahrsagerin und dergleichen äußerst amüsant", bemerkte er, „aber waren Sie nicht ziemlich besorgt über Ihre Zukunft?"

„Nicht ein bisschen" – verächtlich einen kleinen Kegel bergab treten; „Sie hat es sich im Laufe der Zeit ausgedacht."

„Sie war furchtbar niedergeschlagen gegenüber dem jungen Jervis. Was für eine Karriere hat sie ihm ausgemalt, armer Bettler!"

„Der Wunsch war zweifellos der Ursprung des Gedankens. Sie mag ihn nicht."

„Und die Idee, dass sie sagt, dass du erst mit vierzig heiraten würdest! Als ob du nicht morgen heiraten könntest, wenn du wolltest!"

Honor begann sich unwohl zu fühlen und sehnte sich nach der Anwesenheit einer dritten Person: Sie machte eine lebhafte Geste des Widerspruchs, als sie sich darauf vorbereitete, einen äußerst steilen und fettigen Fußweg hinunterzuklettern.

„Sie wissen, dass Sie es könnten", fuhr Sir Gloster fort und ergriff ihre Hand, um ihr Beistand zu leisten und sie beinahe zu Mutter Erde zu stürzen. „Zum Beispiel könntest du *mich heiraten* ."

Miss Paske hatte ihm gerade versichert, dass er seine Ziele erreichen würde, und er war entschlossen, ihre Prophezeiung unverzüglich auf die Probe zu stellen.

„Oh, Sir Gloster!" rief die junge Dame aus und versuchte vergeblich, ihre Finger loszulassen.

„Du lässt mich diese liebe kleine Hand für immer behalten? Ich habe mich fast vom ersten Moment an in dich verliebt. Du bist schön und musikalisch und würdest sofort verstehen, wie sinnvoll die Dinge sind. Meine Mutter

würde dich mögen. Glaubst du, du könntest dich um mich kümmern und so
etwas?"

„Oh, Sir Gloster", wiederholte sie, blieb auf dem Weg stehen, während ihre
Wangen plötzlich rot wurden, und sah ihn mit echter Bestürzung an. „Ich
mag Sie – aber nicht auf diese Weise."

„Vielleicht war ich zu plötzlich. Wenn ich ein oder zwei Wochen warten
müsste. Lass mich mit deiner Tante reden?"

„Nein, nein, bitte" – mit ängstlicher Ablehnung. „Es würde keinen
Unterschied machen. Es tut mir leid, aber ich könnte mich niemals so um
dich kümmern, wie du es wünschst."

Mrs. Sladen und Mark Jervis, die dahinter waren und denselben Zickzackpfad
hinuntergingen, befanden sich zufällig direkt über dem Paar. Geräusche
stiegen empor, und sie waren im Moment still, als plötzlich durch die Blätter
und die kühle Abendluft eine Stimme zu ihren Füßen zu dringen schien, die
sagte:

*„ Ich war zu plötzlich. Wenn ich ein oder zwei Wochen warten müsste. Lass mich mit
deiner Tante reden. "*

Frau Sladen und ihre Begleiterin sahen einander direkt an und wurden
schuldbewusst. Es gab eine kurze Pause, bevor der Mann ausrief:

„Es hat keinen Sinn, so zu tun, als wären wir *taub*! Wir haben gerade gehört,
was nie für andere Ohren bestimmt war, und es tut mir schrecklich leid."

„Das bin ich auch", antwortete sie; „Auf die eine Art tut es mir leid, auf die
andere bin ich froh."

„Ich bezweifle, dass Frau Brande Ihre Freude teilen würde", erwiderte er mit
einem bedeutungsvollen Lächeln.

„Natürlich werden wir es geheim halten."

„Natürlich" – mit Nachdruck. „Im Großen und Ganzen", mit einem kurzen
Lachen, „bin ich nicht sicher, ob es nicht sicherer ist zu *schreiben*."

„Wirst du das tun?" erkundigte sie sich spielerisch.

„Ich weiß es nicht, aber ich habe auf jeden Fall gelernt, mein Schicksal *nicht*
auf die Probe zu stellen, wenn ich von einem überfüllten Picknick nach
Hause komme. Was für ein düsterer Spaziergang werden diese beiden haben!
Können Sie sich ein unangenehmeres *Tête-à-Tête vorstellen*? Worüber *können*
sie jetzt reden?"

„Ihr Spaziergang und der aller anderen scheint hier zu Ende zu sein", bemerkte Frau Sladen und zeigte auf eine Menge Kulis, Dandys, Männer, Damen und Ponys, die alle zusammengedrängt waren und großen Lärm machten.

„Natürlich ist das eine Abkürzung von Toby Joy und höchstwahrscheinlich ein Scherz", rief Jervis aus. „Ich glaube, er war auch der Grund für das verlorene Mittagessen."

Die vielgepriesene Abkürzung sollte sich als der sprichwörtliche „längste Weg" erweisen und nun für die Gesellschaft fröhlicher Vergnügungssüchtiger eine äußerst unangenehme Überraschung darstellen. Mit der heiteren Zuversicht der Unwissenheit waren sie einen dicht bewaldeten Hügelrücken hinabgestiegen, bis an einer Stelle eine künstlich aufgeschüttete und mit Steinen bedeckte Straße eine tiefe Schlucht überquerte.

Der Weg war aufgrund der Einwirkung des Regens nach unten gerutscht, und über die Bresche war nur noch ein unsicherer Halt zu finden, kaum breit genug für ein einzelnes Pony – und das auf einem stabilen. Oben ragte der Hügel fast steil empor; Unten lag der blaue Schieferabhang, bewachsen mit Tannen, Büschen und Brombeersträuchern. Für einen Bergkuli oder eine Person mit einem guten Kopf war es passabel; Mindestens zwanzig waren hinübergegangen, darunter auch Mrs. Brande in ihrem Dandy, die fröhlich mit der Hand wedelte, als sie hinübergetragen wurde. Sie war eine mutige Frau, was Abgründe betraf.

Einige, die nervös waren, zögerten am Rande – sie waren hin- und hergerissen zwischen zwei widersprüchlichen Gefühlen, Hunger und Angst; Viele begannen tatsächlich, ihren Weg zurückzuverfolgen. Toby Joy ritt auf seinem hartnäckigen gelben „Tat" über den Abgrund hin und her, um zu demonstrieren, wie einfach es war, und prahlte und scherzte und machte sich so auffällig, dass einige seiner fehlgeleiteten Opfer – darunter Colonel Sladen – es nicht taten Es hätte ihm überhaupt leidgetan, wenn er am Khud verschwunden wäre.

Colonel Sladens Hunger steigerte sein Temperament. Der traditionelle Bär mit dem wunden Kopf war im gegenwärtigen Moment im Vergleich zu ihm ein verspieltes und sanftes Tier. Zu seiner Zeit war er ein bekannter Reiter gewesen, aber da er jetzt viel zu schwer zum Reiten war, prahlte er gern mit seinen Ponys und zwang dieses Leichtgewicht, seine unglückliche Frau, in Positionen, die ihr das Blut in den Adern gefrieren ließen, und dann ihn prahlte und sagte: „Puh! Das Pony ist ein Lamm! Meine Frau reitet ihn, reitet ihn mit einem Faden, Sir;" und er würde seine Beine spreizen, mit der Keule stolzieren und das Tier anschließend für einen hohen Preis verkaufen.

„Ein übler Ort zum Überqueren! Nicht ein bisschen – es ist sicherer als zu Fuß. Diese Hügelponys machen nie Fehler." Dies hatte er in seinem schroffen Ton gegenüber Kapitän Waring bemerkt, dessen schöne Begleiterin buchstäblich am Abgrund zitterte. „Warte – und sieh nur zu, wie meine Frau es auf dem Budmash macht – sie wird dir den ganzen Weg zeigen. Milly", brüllte er und blickte den Hügel hinauf, „komm mit, komm mit."

„Oh", rief sie und blickte Mark mit einem totenbleichen Gesicht an, „ich wage es wirklich nicht, über diesen Ort zu reiten." Ich habe jetzt keine Nerven mehr, und das ist das schüchterne Pony."

"Aufleuchten! Siehst du nicht, dass du die Straße anhältst?" brüllte ihr Herr und Meister und zeigte auf die verschiedenen Leute, die sich zurückschlichen. Als sie sich dann zu ihm gesellte, fügte er mit leiserer Stimme hinzu:

„Ich wäre nicht so feige, mein Leben zu retten."

„Ich bin ein Feigling", murmelte sie Mark mit einem gespenstischen Lächeln zu, „und ich bezweifle, dass selbst das mein Leben retten wird." und sie begann, ihr Pony in Bewegung zu setzen.

„Es ist nur fünfzig Meter breit", sagte Jervis ermutigend; „In zwei Minuten ist es vorbei. Ich steige ab und führe Ihr Pony, und ich garantiere Ihnen, dass ich Sie sicher übernehmen werde."

"Werden Sie?" rief Oberst Sladen ungeduldig. „Verstehen Sie sich und geben Sie den anderen Frauen eine Führung. Oh!" zu ihrer Eskorte, die abgestiegen war: „Gehst du auch? Ganz unnötig."

Es gab ein plötzliches Ende des Redens, Streitens, Murrens, Geredes und Gelächters. Auf beiden Seiten des schlechten Teils herrschte eine merkwürdige Stille. Die Leute sahen mit ehrfürchtigen, ernsten oder aufgeregten Gesichtern zu, als wären sie Zeuge eines sensationellen Dramas, während sie mit atemlosem Interesse einer notorisch schüchternen kleinen Frau zusahen, die auf einem notorisch schlecht gelaunten Pony ihr Leben riskierte, um den Befehlen ihres Mannes zu gehorchen . Vielleicht kommt sie sicher hinüber, vielleicht aber auch nicht. Die Chancen standen ungefähr ausgeglichen.

„Kommen Sie mit", sagte Jervis fröhlich und nahm den Budmash beim Kopf, mit einer Miene, die dem rotäugigen, rothaarigen Herrn zeigte, dass er keinen Unsinn dulden würde.

„Schließen Sie die Augen", fuhr der junge Mann fort, „und stellen Sie sich vor, Sie befinden sich auf einer Autobahn; Sie werden auf der anderen Seite sein, bevor Sie wirklich denken, dass Sie angefangen haben. Wir haben jetzt die Hälfte geschafft."

Ja, die Hälfte der Reise war zufriedenstellend zurückgelegt worden. Der Budmash führte wie ein Lamm; die Spannung der Erwartung hatte sich entspannt. Die Zuschauer begannen frei zu atmen und sich sogar abzuwenden, als plötzlich ein Galoppgeräusch, ein wildes Geschrei, ein Krachen, ein Schieferrasseln zu hören war und Mrs. Sladen, das Pony und Jervis den Bach hinunter verschwunden waren Khud! Es gab eine kurze Vision von zwei kämpfenden Menschen, vier wild um sich schlagenden glänzenden Schuhen, und sie waren in einer Baumschlucht verschwunden und völlig außer Sichtweite.

Und was hatte den Unfall verursacht?

Natürlich, Toby Joy. Toby, der sich einem Wutausbruch hingegeben hatte, hin und her geritten war, seine Füße aus den Steigbügeln baumeln ließ und Blick-Hallos machte, hatte sich zu viele Freiheiten gegenüber einem leidgeprüften Tier herausgenommen – das unbedingt erwischt werden wollte nach Hause, der zum zehnten Mal auf der falschen Straßenseite war und der, als er endlich „die Führung“ von einem anderen Pony bekam, einfach nicht zu leugnen war. Sein rücksichtsloser Herr hatte die Zügel an seinem Hals gelassen, da er wie jeder andere ein gespannter Zuschauer des Martyriums von Frau Sladen war. Amor war plötzlich nach vorne gestürmt, donnerte den Abhang hinunter, schoss heftig gegen den Budmash und schleuderte ihn und seine Gefährten in den Weltraum.

Für einen Moment herrschte absolutes Schweigen, das von Oberst Sladen unterbrochen wurde, der brüllte:

„Mein Pony ist getötet!“

"Und deine Frau!" rief Honor, die neben ihm stand. „Ist deine Frau nichts?“ wiederholte sie mit leidenschaftlicher Energie.

Im nächsten Moment kletterte ein Schwarm von Kulis, Syces und ihren Herren, angeführt (um ihm gerecht zu werden) von Toby Joy, den Dschungel hinunter. Obwohl es sehr steil war, war es kein reiner Abstieg, und plötzlich ertönte ein Ruf: „Alles klar.“

Die Büsche, Brombersträucher und langen, sich windenden Bergsteiger hatten den Sturz abgefangen und sie gerettet.

Als erste wurde Frau Sladen heraufgebracht, ohne Hut, unterstützt von zwei Herren, und äußerst weiß und klein aussah. Als nächstes kam Jervis mit einer Blutspur im Gesicht und einem zerrissenen Mantel. Als letztes kam das Pony heraus, kämpfend, rennend, getrieben und geschleppt von etwa zwanzig energischen Pferden.

„Du bist nicht schwer verletzt, hoffe ich?" sagte Honor, die über den kaputten Weg geeilt war und ihre Freundin als Erste begrüßte, als ihr zum Ufer geholfen wurde.

„Nicht sie", entgegnete Oberst Sladen schroff; „Es ist ihr nur der Atem geraubt worden! Gib ihr etwas Whisky, dann wird es ihr gut gehen.

Als seine Frau sich auf einen flachen Stein setzte und, nachdem sie tapfer versucht hatte, alle zu beruhigen, plötzlich in lautes, hysterisches Schluchzen ausbrach, fügte er hinzu:

„Wie *kannst* du dich nur so benehmen, Milly? Du bist kein bisschen verletzt – es war alles deine eigene Schuld" (jedes Unglück oder Fehler war ausnahmslos „ihre eigene Schuld"). „Wenn du nicht herumgezögert hättest, sondern angefangen hättest, als ich es dir gesagt habe –"

„Oh, halt die Klappe, ja?" unterbrach Jervis mit wütendem Unterton.

Oberst Sladen wurde fast schwarz im Gesicht; Doch bevor er wieder zu Atem kommen konnte, brach Kapitän Waring in die Gruppe ein …

„Hallo Mark, alter Junge, du siehst ziemlich billig aus – sind dir Knochen gebrochen?"

„Mir geht es nicht viel schlechter. Wir hatten eine wundervolle Flucht; Die Brombeersträucher retteten uns und die Wurzel eines großen Baumes. Mein Handgelenk –" wird ziemlich weiß.

„Dein Handgelenk!" wiederholte ein Arzt. „Lasst es uns mal anschauen. Ah! und ich sehe, du hast dir den Kopf abgeschnitten. Oh ho! das Handgelenk ist gebrochen; ein einfacher Bruch – das wird nicht viel sein. Ich werde es jetzt einstellen;" was er sofort vor Ort durchführte – eine Operation, die von Umstehenden mit größtem Interesse überwacht wurde.

Oberst Sladen schaute mit eifersüchtigem Blick zu, ob der Patient zusammenzucken würde; aber nein, leider! er war zur Enttäuschung verurteilt. Ehrlich gesagt hätte es ihm nichts ausgemacht, wenn der unverschämte junge Hund ihm das Genick gebrochen hätte.

Mrs. Brande, die bei Unfällen oder Krankheiten stets an vorderster Front war, hatte ihren Dandy längst im Stich gelassen, empfahl dem einen die Flasche, dem anderen das Riechfläschchen und war voller ängstlicher Fürsorge.

„Mir geht es gut", sagte Jervis und blickte sich im eifrigen Kreis um. „Nun, bevor ich zweimal verheiratet bin, wie alte Krankenschwestern sagen, Fräulein Paske" – sie erblickte plötzlich ihre hellen, fragenden kleinen

Weißbüschelaffenaugen – „wäre nur freundlich von Ihnen gewesen, uns darauf vorbereitet zu haben *!* "

„Es ist völlig in Ordnung, wenn Sie darüber lachen", protestierte Frau Brande. „Du kommst sofort in meinen Dandy. Ich kann laufen; in der Tat wird es mir gut tun; und du sollst direkt mit mir nach Hause kommen, und ich werde dich stillen."

Aber Jervis erklärte, dass keine Pflege erforderlich sei und wollte von dieser Regelung nichts hören. Als sein Handgelenk fixiert und mit Holzspänen und verschiedenen Taschentüchern gefesselt war, stieg er auf sein Pony und joggte so zügig wie die Besten davon.

Die jüngste Szene hatte nicht länger als fünfundzwanzig Minuten gedauert, und bald waren alle *unterwegs*, alle außer Sir Gloster, der auf mysteriöse Weise aus der Menge verschwunden war und einer der ersten gewesen war, der sich zurückzog und nach Hause eilte. Die weise Mrs. Langrishe, die die Abkürzung nicht gewählt hatte, hatte gesehen, wie er allein und mit außerordentlich ernster und mürrischer Miene an ihr vorbeitrottete, und zog daraus ihre eigenen Schlussfolgerungen. Was für eine Gans das Mädchen gewesen war! Möglicherweise wurde er beim Abprall noch erwischt – seltsame Dinge waren passiert. Ach, wenn Lalla sich nur benehmen würde!

Zwei Tage nach dem großen Picknick kam Mrs. Brande in ihr Wohnzimmer, wo Mark Jervis, den Arm in einer Schlinge, mit ihrer Nichte und Mrs. Sladen Tee trank. Sie sah ziemlich errötet und verärgert aus, als sie sagte:

„Was *denken* Sie, Herr? Hier ist Sir Glosters Visitenkarte – PPC, geschickt von einem Diener. Ich habe gehört, dass er endgültig verschwunden ist. Glauben Sie nicht, dass er nach all den guten Abendessen, die er hier hatte, die nötigen Manieren gehabt hätte? und sie schien den Tränen nahe zu sein.

„Aber er hat sehr oft angerufen, Tante", antwortete Honor, ohne den Blick von Ben abzuwenden.

„Nun, er ist nie gekommen, um sich zu verabschieden, und ich habe ihn gestern bei Manockjee getroffen, wo er Butterkonserven und europäische Läden kaufte. Er schien sich verstecken zu wollen. Ich dachte, es läge daran, dass er sich dafür schämte, dass ich sah, wie er Butter und Käse herunterhandelte. Also ging ich ihm einfach nach, um ihn zu beruhigen, aber irgendwie vermisste ich ihn. Ich glaube, er ist über die Veranda entkommen, wo die alten Möbel aufbewahrt werden."

„Er ist ohne Zweifel zu den Snows gegangen", bemerkte Frau Sladen und wechselte einen schnellen Blick mit ihrem Verbündeten.

"Hat er? Das Ganze hat etwas sehr Seltsames und Plötzliches. Ich kann es nicht erkennen."

Sie war bei weitem nicht so schlau wie Frau Langrishe, die es auf den ersten Blick „herausgefunden" hatte und den Mund hielt. Tatsächlich war Mrs. Brande fast die einzige Person in Shirani, die nicht wusste, dass Sir Gloster Sandilands ihrer Nichte den Tag des Großen Hungerpicknicks vorgeschlagen hatte – und abgelehnt worden war.

KAPITEL XXIII.
Captain Warings Alternative.

Mark Jervis hatte sich allen Aufforderungen von Frau Brande widersetzt, ihn „nach Hause zu bringen und zu pflegen". Ihm würde es viel besser gehen, sagte sie, in ihrem gemütlichen Gästezimmer, mit den besten frischen Eiern und frischer Milch, als in diesem rauchigen Haddon Hall, der Gnade seines Trägers ausgeliefert, seine Mahlzeiten unregelmäßig und ohne Komfort. Sie war es gut gewohnt, junge Männer zu stillen. Wie viele junge Zivilisten, die durch Indiens neue Geißel Typhus an den Rand des Todes gebracht wurden, hatten ihr Leben Sara Brande zu verdanken – jungen Männern im Bezirk ihres Mannes, die gerade von zu Hause weggekommen waren und Vorsichtsmaßnahmen wie den Kauf eines … verachtet hatten Filter und eine Kuh! Welche Geschichten hätte Mrs. Brande von denselben rücksichtslosen Invaliden erzählen können, wenn sie sich dafür entschieden hätte! Wie sie in ihrem ersten schwachen, aber genesenden und ausgehungerten Stadium so glücklich und erstaunt gewesen waren, sich doch noch im Land der Lebenden wiederzufinden, dass sie ungestüm mit ihrer freundlichen, mitfühlenden Amme geplappert hatten und dabei vergessen hatten, wie oft sie gelacht hatten bei der „alten Sally Brande". Sie kam ihnen jetzt wie ein Engel vor, mehr als nur eine Mutter. Während sie in viel zu großer Kleidung auf Sofas und langen Stühlen lagen, murmelten sie in der Dämmerung oder vor allem im Mondlicht oft Erfahrungen und Vertraulichkeiten in das aufmerksame Ohr ihrer Krankenschwester – „von Mädchen zu Hause", von Schulden, von Kratzern, von guten Vorsätzen, von … „neue Blätter", die bald umgedreht werden sollten; – waren all diese Dinge nicht in den Chroniken von Mrs. Brandes Gedächtnis niedergeschrieben? Als diese Patienten später wieder zu Leben und Kraft zurückgekehrt waren und einen geschärften Appetit auf die Freuden des Lebens hatten, staunten sie über sich selbst, ihre armen, schwachen, wedelnden Zungen, ihre Indiskretionen! Ihnen wurde *heiß*, als sie an die Geheimnisse dachten, die in Mrs. Brandes Brust verborgen waren; aber sie waren immer höflich zu ihr, duldeten nie ein Wort gegen sie, und viele von ihnen liebten sie. Die Karten, Briefe und Erinnerungsstücke, die sie zu Weihnachten erhielt, waren erstaunlich in ihrer Vielfalt und den unterschiedlichen Poststempeln; Von Tongoo bis Suakim, von Kohat bis Galle strömten diese Zeichen der liebevollen Erinnerung von denen herüber, die Mrs. Brande „ihre Jungs" zu nennen pflegte. Sie (*sehr* leise geflüstert) mochte junge Männer! Sie mochte Mark Jervis besonders und hätte ihn gerne in ihre Brigade aufgenommen; denn ihre Jungen waren nicht nur indische Zivilisten – sie hatte ihre Rekruten bei der Polizei, der Opiumabteilung, der Armee und dem Gesetz.

Dieser freundlose junge Engländer wehrte sich tatsächlich gegen Notizen (oder Zettel), Nachrichten und sogar Besuche und weigerte sich standhaft, „zu kommen und sich stillen zu lassen".

Sein Cousin fühlte sich in letzter Zeit mehr zu Hause; Er packte und bereitete sich auf einen Umzug vor.

„Ich sage, Mark", sagte er, „dein Handgelenk wird in etwa zehn Tagen in Ordnung sein, sagt Kane." Ich rate Ihnen, es sich anders zu überlegen und Simla weiterzumachen. Es ist ein toller Ort – ganz anders als das tote und lebendige Shirani – ich muss morgen hin, wissen Sie? Ich habe versprochen, Mrs. Atherton und Miss Potter zu begleiten; Die Straßen zwischen diesem und dem Bahnhof sind kaputt und sie sind in tödlicher Angst. Wir werden die ganze Reise gemeinsam zurücklegen, und jetzt muss ich nur noch fragen und haben."

„Das ist zufriedenstellend, aber für mich bin ich hier eine feste Größe", antwortete Mark, „und Sie wissen warum. Ich schrieb noch einmal dringend an meinen Vater und teilte ihm mit, dass die Zeit verginge und dass ich im Oktober zurückkehren würde, aber bis dahin würde ich hier warten."

„Das darfst du! Ich kenne den Stil deines Vaters, Mark. Er ist ein Mann, der so lange hier draußen gelebt hat, dass er versteinert ist – nichts außerhalb Indiens reizt ihn, nicht einmal sein Sohn. Es gibt Dutzende wie ihn; das unbeschwerte Leben ist ihnen bis in die Knochen eingedrungen. Er hat seine gut ausgebildeten Diener, sein ausgezeichnetes Essen und seine hervorragenden Spirituosen, seine Stumpen oder seine Huka, seinen *Pionier*, seinen langen Sessel, seinen Lieblingskummer; Er will nicht mehr, und am allerwenigsten einen klugen jungen Kerl mit allen möglichen fortgeschrittenen *Fin-de-Siècle-* Ideen, der kommt und ihn in die Flucht schlägt."

„Das ist eine schicke Skizze, Clarence."

„Nun, gib es zu! Ich werde Ihnen ein wahres Porträt aus dem Leben zeichnen, und ich könnte Ihnen ein halbes Dutzend zeichnen."

„Wir werden zunächst eins haben – lassen Sie sich nicht zu lange Zeit, denn ich habe versprochen, Scrope pünktlich um vier Uhr zu treffen; und ich sehe Dum Sing mit dem grauen Pony warten."

„Ich kannte einmal einen alten Oberst (im Ruhestand), der in den Nielgherries lebte", begann Waring. „Seine ganze Familie war in der Welt unterwegs, Söhne im Militärdienst, Töchter verheiratet, und er blieb auf der Strecke. Er hatte seinen Garten, seine Ponys, einige alte Freunde und alte Gefolgsleute, und obwohl alle seine Verwandten am anderen Ende der Welt lebten, ließ er sich nicht rühren. Nicht weniger als dreimal nahm er die Überfahrt nach Hause an; zweimal ging er mit Gepäck und Gepäck in Begleitung seiner Diener nach Madras. Einmal war er tatsächlich an Bord des Schiffes und in seiner Kabine, aber als sie sagten: „Jeder ans Ufer", packte er seine Ausrüstung zusammen und fuhr in einem Massulah-Boot zurück. Er ist immer noch hier draußen. Ich erinnere mich an ein anderes Beispiel, einen alten General, einen ganz normalen alten Wrack, der sich wie an einer Spiere an die letzte Station klammerte, die er befehligte. Ich sah ihn – und das war wohlgemerkt in der Ebene – auf seiner Abendfahrt in seiner alten Kutsche, mit zwei vorsintflutlichen Pferden – auch ganz allein. Er hatte einen ehrwürdigen, langen weißen Bart, war sechsundachtzig Jahre alt und sagte gern: „Vor dreißig Jahren, als ich diese Station befehligte!" Die Behörden und die Leute im Allgemeinen hatten Humor für ihn – die Leute werden hier nicht so sehr gehetzt und haben Zeit, sich den Fantasien der alten Leute hinzugeben. Er kam zu allen Feldtagen und hielt in seiner alten Kutsche hinter dem Salutierungsposten. Er dachte, die Armee würde vor die Hunde gehen, das kann ich Ihnen sagen, und weiße Helme, weiße Kleidung und Stöcke, so viele skandalöse Neuerungen. Er hatte eine Menge Verwandte in England, schrieb nie einem von ihnen und hinterließ sein ganzes Geld dem Enkel seiner ersten Liebe und der Friend in Need Society! Ihr Vater ist nur einer dieser Menschen, wie Sie sehen werden."

"Wir werden sehen; Und da wir gerade von der Zeit sprechen, Clarence, ich denke, es ist an der Zeit, dass wir unserer kleinen Farce ein Ende setzen.

Clarence, der seinem Begleiter gegenüber saß und die Arme auf einen wackligen Schreibtisch stützte, hob den Kopf und blickte ihn ziemlich ausdruckslos an.

„Alter Junge, du musst sicher sehen, dass es weit genug gegangen ist – tatsächlich nur ein bisschen *zu* weit. Als Miss Paske in der Dunkelheit einen wilden Schuss abfeuerte und sagte, dass ich es nicht immer für nötig halte, die ganze Wahrheit über mich zu sagen, fühlte ich mich regelrecht schuldig; Als sie sagte, ich sei ein bisschen ein Betrüger, weiß ich, dass ich rot geworden bin wie eine Pfingstrose! Die zunächst kleine Täuschung hat sich zu einer großen Sache entwickelt. Ich nenne mich ‚die arme Verwandte', und alle Mütter gehen mir aus dem Weg!"

„Und ist das nicht gerade Ihr besonderes Ziel?" forderte Clarence scharf. „Ich denke, das ganze Vorhaben hat hervorragend funktioniert. Ich bin mir sicher, dass ich *meine Rolle gut* gespielt habe , und Sie auch" – mit einem lauten Lachen von unnatürlicher Heiterkeit.

„Ja, aber es kommt mir so vor, als würde ich lügen, obwohl ich noch nie so viele Worte ausgesprochen habe. Ich habe nie gesagt, dass ich arm sei –"

„So wie ich die Rechnungen bezahle", unterbrach ihn sein Begleiter, „und ein wohlhabendes Aussehen habe, aber ich habe nie *gesagt*, dass ich reich bin." (Dennoch handelte und sprach er genau wie ein Mann, für den Geld keine Rolle spielte. Geld war es auch nicht, da es nicht ihm, sondern Mr. Pollitt gehörte.)

„Als ich anfing, Polo zu spielen, waren die Männer höflich erstaunt", fuhr Jervis fort; „Als ich fünfzig Rupien für das neue Harmonium gab, waren die Leute erstaunt; der Diener mit den Kirchenbüchern, der unsere Sonntagsgaben einsammelt, blickt zweifelnd auf meinen Zettel für vier Rupien; Als er es mir reicht, weiß ich, dass er sich über meine Extravaganz wundert und fragt, ob ich es mir leisten kann? Als Ausgleich zum Picknick der verheirateten Damen werden wir einen Junggesellenball veranstalten."

„Ich hoffe, das Abendessen findet im Umkreis von zehn Meilen um den Ballsaal statt", warf Waring energisch ein.

„Und Hawks, der Sekretär, ein sehr guter Typ, sagte ganz vertraulich zu mir: ‚Sie sind kein reicher Johnnie.' Ich werde dich einfach im Stich lassen; Ich nehme fünfzehn Rupien.'"

"Ja; Und was halten Sie von diesem jungen, brutalen Skeggs, der seit seiner Geburt ständig alles erledigt hat, Frühstück, Tee, Tiffins, Abendessen, Bälle – ein hässlicher Kerl mit Puddinggesicht?"

„Ja, durch seine Hände und Füße furchtbar behindert."

„Er wurde gebeten, mitzumachen und sich für die großartige Gastfreundschaft, die den Junggesellen entgegengebracht wurde, zu revanchieren. Er sagte prompt nein, Anna wäre ihm egal; und warum, meinen Sie?" macht eine dramatische Pause. „Weil seiner Meinung nach ein junger Mann für jede noch so große Höflichkeit eine ausreichende Belohnung darstellte."

„Böses Biest! Gestern hat er bei den Brandes zu Mittag gegessen. Aber um auf unser Thema zurückzukommen" – er war sich bewusst, dass sein kluger Begleiter davon abkam. „Morgen geht es los, und bevor wir gehen, denke ich wirklich, dass wir die Gelegenheit nutzen sollten, dass jeder in seinem wahren und wahren Charakter auftritt. Bist du, wie Barkis, dazu bereit?"

Clarence wurde tiefrot und sah genervt aus.

„Nein – ich bin nicht – bereit", sagte er mit Mühe. „Wir haben nur noch ein paar Monate Zeit, um unsere Rollen zu spielen, und ich bin dafür, dass wir sie durchziehen. Wie Sie wissen , habe ich die *Rolle* des Geldbeutelträgers und Anführers übernommen, um eine Ihrer Launen zu befriedigen, und ich habe vor, dabei zu bleiben, bis wir im Hafen von Bombay sind.

„Nun, es tut mir jetzt sehr leid, dass ich so ein sensibler, eitler Idiot war und in eine regelrechte Panik geraten bin, nur weil sich ein paar drittklassige Weltenbummler an meine Geldsäcke geworfen haben. Warum um alles in der Welt haben Sie mir nicht gesagt, dass sie kein echtes Exemplar der indischen Gesellschaft seien? Hier draußen gibt es haufenweise wohlhabende Männer – wir haben sie getroffen – Titelerben oder wirklich angesehene Kerle, und niemand kümmert sich um sie. Ich war zu eingebildet und ein zu großer Narr.“

„Jetzt ist es zu spät, daran zu denken!“ – mit leichter Verachtung.

„Nein, besser spät als nie! Ich habe vor, den Brandes und Mrs. Sladen sowie Clifford, Scrope, Villiers und ein oder zwei anderen Leuten zu sagen, dass ich nicht das bin, was ich zu sein scheine.“

„Du musst zuerst mit *mir rechnen* !“ rief Clarence heiser. „Ihre Vertraulichkeiten, die bedeuten, dass Sie die Wahrheit von einem Ende Shiranis bis zum anderen verbreiten, werden mir den Teufel stehlen!“

"Warum? Wie meinst du das?" fragte Jervis mit einem Hauch kühler Überraschung.

"Kannst du nicht sehen? Ich bin in mein altes Set und meine alten Versuchungen zurückgefallen; Ich kann einem kleinen Risiko nicht widerstehen. Der aus Spaß vergebene Name „Millionär“ hat mir Anerkennung eingebracht. Ich habe überall Schulden – Miete, Club, Rechnungen, Manockjee; Dreitausend Rupien würden mich nicht entlasten, und wenn sich, sagen wir, morgen herausstellt, dass ich ihr lieber Kunde von früher bin und keinen Penny habe, mit dem ich mich segnen könnte, werden sie alle wie eine Meute Hunde auf mich losgehen. Gib mir Zeit, und ich werde die Ponys gut oben in Simla verkaufen, ein oder zwei Rennen aufnehmen und“ – lachend – „die Erbin“ heiraten. (Niemand, um Lord Lytton zu zitieren, gab es einen Mann, der ein gewohnheitsmäßiger Spieler war, außer dass er in seinen Wahrscheinlichkeitsberechnungen in den alltäglichen Angelegenheiten des Lebens besonders ungenau war. Liegt es daran, dass ein solcher Mann zu einem so chronischen Trunkenbold der Hoffnung geworden ist? (dass er jede Chance zu seinen Gunsten doppelt sieht?) „Ich selbst schulde etwas Geld, aber ich darf meinen Schuldner nicht unter Druck setzen. Ich bin jedoch sicher, dass ich es eines Tages bekomme, und es ist eine stattliche Summe. Ich habe ein erstklassiges Buch über Goodwood; Ich *kann nicht* verlieren und ich muss gewinnen. Ich will nur Zeit, einen langen Tag, Euer Ehren“ – er grinste seinen Begleiter an; Dennoch, obwohl er grinste, bewegten sich seine Mundwinkel nervös.

„Aber es sind doch sicher noch ein paar tausend Rupien beim Agenten?"
fragte Mark eher ausdruckslos.

„Kein Stück", war die verblüffende Antwort. „Nein, ich wurde von
Liverpool schwer getroffen, und natürlich hatte ich kein Recht, die Mittel auf
diese Weise zu verwenden. *Das* brauchst du mir nicht zu sagen . Glücksspiel
ist für mich eine Krankheit, und ich kann nichts dagegen tun; Es ist
schlimmer als Alkohol – es ist viel teurer. Für eingefleischte Spieler wie mich
sollte es einen Rückzugsort geben, genau wie für Dipsomane. Ich kann
genauso gut eine saubere Brust daraus machen. Ich hatte gehofft, einen
großen Einsatz zu landen und alles wieder in Ordnung zu bringen, aber
dieser brutale „Queer-Kunde" rollte sich zusammen und machte im Ziel
einen Kumpel und steckte uns alle in ein Loch. Ich würde zehn Pfund dafür
geben, eine Chance auf ihn zu bekommen! Ich hatte schreckliches Pech, und
ich muss zu meiner eigenen Verteidigung sagen, dass von Anfang bis Ende
alles *deine Schuld war*. Du hast mir die Versuchung in den Weg gelegt, du hast
mir die Konten und das Scheckbuch übergeben und keine Fragen gestellt;
und, bei Jupiter!" Er schloss mit einer Miene tugendhafter Resignation: „Ich
habe dir keine Lügen erzählt. Ich bin ausgemerzt."

„Und wenn Ihre Simla-Pläne scheitern, Sie *nicht* bezahlt werden und Ihr Buch
über Goodwood auf der falschen Seite steht – was werden Sie dann tun?"

Clarence zuckte lediglich mit den breiten Schultern.

„Wie sollen wir hier unsere Rechnungen bezahlen?" fragte der andere ernst.

"Ich weiß nicht."

„Und unser Reisegeld?"

„Ich weiß es nicht", wiederholte er verbissen.

„Sicherlich haben Sie doch eine Ahnung?" drängte Jervis mit einem Anflug
von Rauheit.

„Ja, du kannst dem Onkel schreiben, um frische Vorräte zu besorgen."

„Nein, das werde ich nicht tun", erwiderte der Erbe des Onkels, der schnell
die Geduld verlor.

„Es gibt Ihr eigenes Taschengeld, ein äußerst großzügiges."

„Ich habe es nicht gezogen, weil ich dachte, Onkel Dans Scheck deckte alles
ab."

„Und es scheint, dass du zu zuversichtlich warst."

„Was hast du in deiner Kasse, Waring?" forderte er streng. „Willst du mir im
Ernst sagen, dass du ziemlich mittellos bist?"

„Nein, ich habe tausend Rupien; Das wird die Diener hier bezahlen, mich nach Simla bringen und mich dort ruhig halten, bis sich die Ereignisse regeln. Ich kann meine Messerechnung in Shirani nicht bezahlen – eine gewaltige! Wissen Sie, ich habe ihren Champagner bestraft und immer Gäste gefragt."

Eine Totenstille, nur durch das Klirren von Jervis' ungeduldigem Pony unterbrochen.

„Nun, was schlagen Sie vor, um mich aus diesem Hut zu befreien? Wie sollen wir beide das Land verlassen?" fragte Clarence, dessen Unverschämtheit einen seltenen und eigenartigen Charakter hatte.

Jervis saß einige Zeit da, die Hände in den Taschen und ein Stirnrunzeln auf der Stirn. Schließlich sagte er:

„Ich nehme an, wenn es zum Schlimmsten kommt, muss ich sechshundert Pfund abheben, obwohl ich denke, dass das ein gemeiner Eingriff in die Großzügigkeit des alten Mannes ist. Einhundert werden mich hier behalten, bis wir anfangen, und die restlichen fünf werden die Rechnung für die Messe, die Miete, die Fahrtkosten und so weiter bezahlen. Ich werde den Brandes die Wahrheit sagen, wenn ich sie zum ersten Mal sehe, und das wird morgen früh sein."

„Dann, bei George! Wenn Sie das tun", rief Clarence mit rauer, misstönender Stimme, „brauchen Sie sich um *meine* Heimreise keine Sorgen zu machen, denn so sicher, wie Sie Ihre Lippen öffnen" – er zerrte wütend an der Tischschublade, während er sprach – „und entlarven mich als …" ein elender Betrüger, ein bezahlter Kamerad und ein Bettler – sehen Sie diesen Revolver?" Während er sprach, brachte er plötzlich eines hervor: „Ich schwöre, ich stecke es mir an den Kopf und blase mir das Gehirn raus!" Hier!" Er fuhr fort, schnappte sich Marks kleines Gebetbuch und küsste es heftig: „Ich schwöre es bei dem Buch!"

Dann schob er sowohl das Buch als auch die Waffe weg, stützte die Ellbogen auf den Tisch und betrachtete sein *Gegenüber* mit einem grauen, eingefallenen, hageren Gesicht – einem Gesicht, das eine solche Angst und Verzweiflung ausdrückte, dass man es kaum glauben konnte war das Gesicht des gutaussehenden, beliebten und *eleganten* Captain Waring.

„Ich möchte dich zu nichts treiben", sagte Mark, der ebenfalls totenblass war; „Aber wenn ich meine Lippen verschlossen halte und weiterhin das Gefühl habe, ein gemeiner, doppelzüngiger Hund zu sein, muss auch ich *meine* Bedingung erfüllen. Ich möchte nicht sprechen, um zusätzliche Aufmerksamkeit oder Popularität zu erlangen, die ich gewinnen könnte – glauben Sie *das*? Aber Sie wissen, dass ich absichtlich eine Doppelrolle spiele und unter falscher Flagge fahre. Zuerst kam mir alles so einfach und harmlos vor, vom Abschicken des Parkservice und des Gepäcks und …"

„So etwas in der Art, wie Sir Gloster sagen würde", unterbrach Clarence mit einem spöttischen Lachen.

„Aber jetzt ist es aus kleinen Anfängen gewachsen und führt von einer Täuschung zur nächsten. Ich habe fast Angst, meinen Mund zu öffnen; Ich wage es nie, auf Jagd oder Segeln oder irgendetwas anzuspielen, das nach Geld klingt, oder auch nur über meinen Onkel oder mein Zuhause zu sprechen, aus Angst, die Leute könnten denken, ich lüge."

Vertraulichkeiten wollte man nie machen, als man in Columbo oder Kalkutta war", höhnte Clarence. „Du hast das Interesse von irgendjemandem geweckt, nicht wahr? Und bitte, was ist Ihre Bedingung?"

„Damit ich einer Person die ganze Wahrheit sagen kann."

„Als totes, totes Geheimnis. Es macht mir nichts aus, wenn du das tust – solange es keine Frau ist."

„Aber es ist eine Frau", sagte Jervis schnell.

„Ah, ich brauche nicht nach ihrem Namen zu fragen – Miss Gordon", rief Waring mit einer seltsam knirschenden Betonung. „Nun, da ist ein Mädchen, das ich nicht mag – böse, schnippische Art zu ihr und das hochmütigste Lächeln, das ich je gesehen habe."

„Ihre Art und ihr Lächeln werden Sie wahrscheinlich nicht sonderlich beunruhigen, denke ich; Aber sie ist das Mädchen, das ich heiraten möchte, wenn ich sie dazu bewegen kann, mich zu akzeptieren."

" *Sich durchsetzen!* Und Sie bezweifeln, dass Sie sich durchsetzen würden, ohne ihr von der *Münze zu erzählen* ?" rief Clarence spöttisch.

„Sie ist die letzte Person auf der Welt, die sich um Geld kümmert; Tatsächlich ist es in ihren Augen ein Nachteil, wie ich zufällig weiß."

„Die junge Frau muss tatsächlich eine *Rara Avis sein* !" bemerkte Clarence mit einem unverschämten Lachen.

„Aber", fuhr die andere fort, „wenn ich sie bitte, mich aufzunehmen, möchte ich, dass sie alles über mich weiß."

„Pollitts Perlgerste und so! Sie glauben nicht, dass das gegen den *Strich* geht – sehen Sie? Äh? Nicht schlecht!"

„Ich wünschte, du könntest fünf Augenblicke lang ernst sein", rief Jervis wütend, „und lass mich zu Ende bringen, was ich sage. Ich schäme mich nicht im Geringsten für Pollitts Perlgerste – und ich würde auch nicht gleich zu Beginn ein Geheimnis vor ihr haben."

„Wozu auch immer du später kommen könntest, was? Und Onkel Dan – hast du an ihn gedacht? Soll er in die Neuigkeiten über die junge Dame eingeweiht werden, oder werden Sie *zunächst* ein Geheimnis vor ihm haben?"

„Natürlich werde ich es ihm sofort sagen."

"Oh! wirklich sehr richtig! Nun ja, ich schätze, wir haben alles besprochen, und auf jeden Fall habe ich mich in erstklassigen Durst eingeredet! Sie sollen fünfhundert Pfund behalten, mit denen Sie im Falle von Unfällen aufkommen müssen, und Sie sollen weiterhin den Mund halten und Ihre jetzige *Rolle* bei allen außer einer bestimmten jungen Dame beibehalten – das ist alles?"

„Ja, ich schätze, das ist es auch schon", stimmte Mark zu, stand auf und nahm seine Mütze.

Als Kapitän Waring zusah, wie er auf sein wartendes Pony zueilte, aufstieg und das Gelände entlang galoppierte, sagte er sich, während er absichtlich auf eine Schnecke einschlug:

diesem Geschäft herausgeholt ! Du hast den Verstand; und wenn man Geld und Möglichkeiten hätte, könnte man Großes leisten!" Dennoch nahm er den Revolver und betrachtete ihn mit nüchternem Gesicht, bevor er ihn wieder in die Tischschublade legte.

KAPITEL XXIV.
„SÜSSE PRIME KOMMT!"

Kapitän Waring war den Hügel hinuntergegangen und begleitete galant Mrs. Atherton und Miss Potter, gefolgt von einem unzähligen Gefolge aus Dienern, Ponys und Gepäck.

Er hinterließ eine Lücke – außerdem eine unbezahlte Rechnung für die Messe. Seine breiten Schultern, sein breites Lächeln und seine laute Stimme wurden im Club, auf der Veranda und anderswo vermisst.

Er sei zurückgekommen, um seine Rechnungen zu begleichen, erklärte er, „und er hat seinen Cousin als Pfand zurückgelassen", fügte er mit einem herzlichen Lachen hinzu.

„Sara", sagte ihr Mann, der aus seiner Umkleidekabine kam und sich das Gesicht einseifte – er war immer glatt rasiert und sah aus der Ferne wie fünfundzwanzig aus – „Waring ist aus." Dieser junge Jervis ist ganz allein; Er hat ein gebrochenes Handgelenk und kann weder Polo noch Tennis spielen. Warum zum Teufel hast du ihn nicht hier oben?"

„Arche den Mann an!" appellierte an Ben, der neben ihr hockte und ihr dabei half, ihren mit Butter bestrichenen Toast wegzuwerfen. Mrs. Brande saß in einem wunderschönen Morgenmantel an einem kleinen Tisch in ihrem eigenen Zimmer und aß Chotah Hazree. „Habe ich ihn nicht gefragt, bis ich müde war? Ich habe ihm geschrieben und bin zu ihm nach Hause gegangen, und es hat alles keinen Zweck.

„Nun, ich werde sehen, was ich tun kann", erwiderte ihr Herr und Meister. „Das heißt – ich muss zugeben, dass Frauen in dieser Hinsicht klüger sind als wir – wenn Sie denken, dass das in Ordnung ist und es keine Chance gibt, dass er sich vor Ehre lächerlich macht? Keine Angst davor, dass er sich verliebt, oder?" Und während er ruhig auf ihre Antwort wartete, nahm er seine Arbeit mit dem Rasierpinsel wieder auf.

„Verliebt in Honor! Ha! Ha! das ist eine gute Idee! Wenn er in jemanden verliebt ist, dann in *mich* – also sag nicht, ich hätte dich nicht auf der Hut! Ehre, segne dein liebes, einfaches altes Herz! Sie sehen einander sehr selten, dank Ihnen, die Sie ihn immer zum Tennis oder zum Reden mitnehmen; und wenn sie zusammen sind, streiten sie, soweit ich das beurteilen kann, die meiste Zeit!"

„Es gibt nichts Schöneres, als mit einer kleinen Abneigung zu beginnen, sagen die Leute", bemerkte Herr Brande.

"Umleitung! Hier wird es nicht viel für ihn geben, der arme Junge mit seinem lahmen Arm. Erinnern Sie sich vor langer, langer Zeit an einen Major Jervis der bengalischen Kavallerie – einen prächtig aussehenden Mann, besonders in voller Kleidung und mit Turban; ein Witwer – er hat wieder geheiratet? Dieser Junge hat eine große Ähnlichkeit mit ihm. Ich frage mich, ob er verwandt ist."

„Nur sein Vater – ich habe ihn gefragt, als ich ihn das erste Mal sah! Jervis war A1 im Schlägersport. Ich kannte ihn ziemlich gut. Er heiratete ein zweites Mal, eine Frau mit Unmengen von Geld in Indigo und Hausbesitz. Als Enkelin einer Begum hatte sie ein Paar Augen wie glühende Kohlen und führte ihm ein Leben, das ihm entsprach."

„Und was ist aus ihm geworden?"

„Der Junge ist, wie Sie wissen, ziemlich zurückhaltend, deshalb wollte ich ihn nicht fragen, aber da *ich* seit vielen Jahren nichts mehr von ihm gehört habe, komme ich zu dem Schluss, dass er tot ist; tatsächlich bin ich mir dessen fast sicher."

„Und die Lakaien der Begum haben dem Sohn nicht viel gebracht? Ich hoffe, Sie bringen ihn dazu, hierher zu kommen. Akzeptieren Sie *keine* Ablehnung – es muss eine erbärmliche Arbeit sein, nur Trübsal zu blasen. Trotzdem werde ich über ihn verärgert sein, wenn er zu *dir kommt* , nachdem er Nein zu *mir gesagt hat* ."

„Sara, du bist eine wirklich konsequente Frau!"

„Und du bist ein wirklich furchteinflößender Anblick, mit deinem ganz weißen Gesicht; Kein Wunder, dass Ben dich anstarrt. Da ist der Postbote – es muss schon spät sein.

Die Einladung von Herrn Brande erwies sich als unwiderstehlich und schon am nächsten Tag wurde Mark Jervis ordnungsgemäß in Rookwood eingesetzt. Der Umzug löste keinen Kommentar aus – sein Handgelenk war gebrochen und er musste sich um ihn kümmern: Der Bungalow der Brandes war einst eine Art Hilfsstationskrankenhaus gewesen. Der junge Invalide fühlte sich bald zu Hause und bereitete sicherlich niemandem Ärger, wie ihm seine Gastgeberin offenherzig mitteilte. Er interessierte sich für Vögel und Tauben; er schien etwas über Ponys zu wissen; Er sah voller Bewunderung zu, wie Honor die Blumengläser füllte und seine offene Meinung und seinen Rat gab; Er spielte Halma mit Mrs. Brande und Patience with Honor – und fungierte als Schiedsrichter beim Tennis.

„Hier ist ein ziemlicher Stapel Briefe", sagte Frau Brande, als sie eines Morgens auf die Veranda kam und sie beim Sprechen kritisch untersuchte. „Eine für Sie, Honor, eine für mich und zwei für Mr. Jervis – ‚300, Prince's Gate' auf dem Umschlag" – und reichte ihn ihm. „Ist das der neue Stil?"

„Ich weiß es wirklich nicht" – er erhielt den Brief seines Onkels und setzte sich neben Ben auf die Treppe.

Mr. Brande hatte einen Stapel Beamter zu bieten, und bald war jeder in seine eigene Korrespondenz vertieft.

„Onkel Pel", sagte seine Nichte und blickte von einem gekreuzten und zerkratzten Brief auf, „hier ist ein langer Brief von Frau Kerry, der Frau unseres Pfarrers. Sie wird eine Salonbesprechung über Missionen abhalten und möchte, dass ich ihr beim Vorlesen erzähle, „was ich von der Aussicht auf das Christentum in diesem dunklen heidnischen Land halte?" Ich weiß nichts über die Sache; was ist deine Meinung?"

„Das ist eine ziemlich große Aufgabe, eine große Frage" – er sitzt aufrecht da, steckt sein Brillenglas ins Auge und konzentriert sich auf seine Nichte. „Ich bin mir sicher, dass ich Ihnen sehr wenig sagen kann. Indien ist der Zeit um viele Jahre hinterher – es ist bevölkerungsreich und isoliert. Die alten Glaubensbekenntnisse werden jedoch allmählich untergraben. Ich wage zu behaupten, dass Indien in hundert Jahren christlich sein wird, und" – er ließ sein Glas plötzlich fallen – „Briten könnten Buddhisten sein."

„Oh, Onkel Pelham, reden Sie doch einmal ernsthaft; Du weißt, dass ich das nicht nach Hause schreiben konnte. „Mrs. Kerry", wieder auf ihren Brief verweisend, „fragt besonders nach den Hindus!"

„Nun, Sie können ihr sagen, dass die Hindus von Natur aus ein frommes Volk sind und eine Religion haben müssen. Einige sind jetzt Theisten, Atheisten, Agnostiker; ein paar bloß grobe Götzendiener, die auch heute noch Teufelsanbetung und Hexenverbrennung praktizieren – ja, im Umkreis von hundert Meilen von einem College, dessen Studenten Max Müller und Matthew Arnold und die fortschrittlichste Literatur der Zeit verschlingen."

„Und die Mohammedaner?"

„Mahomedaner ändern sich nie und werden sich auch nie ändern, bis sie, nachdem sie Geschichte und Wissenschaft gelesen haben, sich selbst aus einem anderen Blickwinkel sehen. Sie können Ihrem Freund versichern, dass auch sie ihre Missionare haben, die auf der Straße predigen und Traktate verteilen, und dass man sie auf unzähligen Basaren finden kann, wo sie die Lehren des Propheten darlegen. Sie bekehren viele, darunter auch einige Christen! Bitte sagen Sie *das der Dame* ."

„Ich werde nichts dergleichen tun, Onkel Pelham."

„Unter den Hindus, deren Kaste so fest ist, sind die sozialen Bedingungen der unteren Klassen so erbärmlich und unveränderlich, dass viele zu

Mohammedanern werden, wo alle gleich sind, wo strenge Askese nicht notwendig ist und es keine Ausgestoßenen gibt, sondern Spielraum für die Befriedigung jeglichen Ehrgeizes. Da ist die alte Ayah deiner Tante; sie weiß nicht, *was* sie ist. Sie nimmt unparteiisch an hinduistischen und mahomedanischen Festen teil. Sie glaubt gleichermaßen an Vishnu und Mahomed; Sie glaubt auch an Whiskey Schrab!"

„Mein lieber Pel, wie kannst du so etwas sagen!" unterbrach seine Frau empört. „Stopfen Sie den Kopf des Kindes nicht mit so trockenem Müll voll, sondern schauen Sie sich *das einfach an*." Und Frau Brande, die aufgestanden war, ging feierlich hinüber, hielt mir ein Foto eines Mädchens hin und sagte: „Sehen Sie her, P.; Kümmern Sie sich nicht um Ihre missionarischen Reden, aber sagen Sie mir, was Sie davon *halten*? Für wen halten Sie sie?"

„Auf jeden Fall ein Engel zum Anschauen", war die nachdrückliche Antwort.

„Ja, hast du jemals ein so perfektes Gesicht gesehen? Nun, sie ist deine eigene Nichte – Fairy Gordon?"

Ja, es war tatsächlich Fairy – ein exquisites Bild von ihr: sanft, *posée*, retuschiert, das die beste Seite von Fairys Gesicht zeigt – mit Fairys bestem Gesichtsausdruck.

„Meine Liebe", sagte Mrs. Brande und wandte sich an Honor, „ich würde dich gegen niemanden eintauschen, aber *sie* ist die Schönheit der Familie, und darüber gibt es kein Wort. Äh, P.?"

„In der Tat wunderschön", stimmte er zu; „Aber ich bevorzuge Honors klugen kleinen Phiz und seine großen, forschenden Augen."

Er war ein Kenner des Gesichtsausdrucks, und selbst ein schmeichelhaftes Foto konnte ihn nicht täuschen; Auf den Lippen der Schönheit lag ein grausamer, verkniffener Ausdruck.

„Kommen Sie und schauen Sie sich das an, Mr. Jervis", rief die stolze Tante. „Ist sie nicht hübsch?"

„Ja … schön", antwortete er. Sie war zweifellos „die Hübsche", obwohl er Mr. Brande insgeheim einer Meinung war.

„Ich frage mich, was Mrs. Langrishe zu ihr sagen würde – was? Äh, Herr?"

Was in der Tat! Honor errötete heftig und lächelte zurückhaltend, gab aber keine Antwort.

„Und hier ist ihr netter kleiner Brief", fuhr Mrs. Brande fort und ließ ihn Honor in den Schoß fallen. „Ich muss ihr etwas schicken, armes Kind."

Das Schreiben war auf zwei Blättern geschrieben, in einer riesigen Handschrift – einer Handschrift, die einer Riesin gebührt hätte – und lautete wie folgt:

„ LIEBE TANTE SARA ,

„Ich scheine Sie aus Honors Briefen so gut zu kennen, dass ich Sie gerne ein wenig über *mich erfahren würde* , und ich schicke Ihnen mein Foto. Es gilt als sehr ähnlich wie ich, nur meine Haare und mein Teint – von denen Honor Ihnen sagen wird, dass sie meine beiden *Stärken sind* – kommen nicht zur Geltung. Wir verschlingen jede Woche ihre Briefe und sind mit Shirani, den Menschen dort, den Blumen und der exquisiten Landschaft und Ihrem lieben, freundlichen Wesen bestens vertraut. Ich beneide sie um die Ehre ihres entzückenden Zuhauses – manchmal weine ich, wenn ich daran denke (und Sie werden annehmen, dass ich sehr dumm bin) – mit Bällen, Partys, Picknicks und einem eigenen Pony. Ihr Leben steht im Gegensatz zu dem ihrer armen kleinen Schwester Fairy, die niemanden hat, der sie mit Freundlichkeiten und Geschenken überhäuft, seit Mai nicht mehr auf *einem Tanz* war und dafür sorgen muss, dass ein Paar Handschuhe monatelang hält. Allerdings meckere ich nicht; Honors Freuden gehören mir. Ich spüre Ihre große Großzügigkeit ihr gegenüber und bin Ihnen sehr dankbar. Wenn Sie Zeit haben, hoffe ich, dass Sie mir Ihr Foto schicken – wir haben keines von Ihnen – und auch ein paar Zeilen, um unsere langen, langweiligen Tage aufzuheitern. Ich wünschte, wir könnten es *uns leisten,* mal wegzugehen! Ich wage zu behaupten, dass Honor Ihnen gesagt hat, dass *ich zunächst* derjenige war, der zu Ihnen hätte gehen sollen, aber später wurde von den umsichtigen Mitgliedern der Familie (Jessie und Honor) beschlossen, dass ich zu Hause bleiben sollte. Trotzdem hatte ich immer das Gefühl, zu dir zu gehören, denn drei Tage lang war ich der Auserwählte und konnte kaum essen und schlafen, so glücklich war ich. Entschuldigen Sie diesen weitschweifigen Brief; Ich bin kein bisschen *schlau* wie die anderen, aber ich bin es immer

„Deine liebevolle Nichte,
“ FEE .

„PS: Ist Honor schon verlobt? Sie erwähnt nie irgendwelche Bewunderer.“

Es war der Brief eines Aschenputtels, und doch war die Fee ihr ganzes Leben lang zur Königin der Familie gemacht worden. Honours Wangen färbten sich rot vor Wut (ihre Tante vermutete, dass es die Röte der Scham oder ein schlechtes Gewissen war), als sie an die verschiedenen kleinen Entbehrungen in ihrem eigenen und Jessies Leben dachte, damit Fairy sanft gehen konnte; von den Meilen, die sie zurückgelegt hatte, von der schäbigen Kleidung, die sie um der Fee willen getragen hatte. Erst neulich hatte sie ihr acht Pfund von ihrem Taschengeld weggeschickt, anstatt es für das rosa Ballkleid auszugeben. Jetzt, da sie abwesend war, gab es, wie Mr. Kerry unverblümt angedeutet hatte, einen größeren Spielraum für Luxus zu Hause; Es war wirklich schade, dass Fairy in diesem Märtyrerstil an die einfache Tante Sara schreiben sollte.

Honor sah verärgert aus, als sie den Blick hob und dem Blick ihrer Tante begegnete – einem fragenden Blick.

„Und das andere Kind wollte also mitkommen?" – sie überreichte ihrem Mann den Brief von Honor. „Und du hast es mir nie gesagt, du bist so frei und offen. Sagen Sie mir jetzt, *was hat sie daran gehindert*, da sie so darauf fixiert war ?"

„Tante Sara, Fairy ist nicht stark, nicht fit für lange Reisen oder Ausflüge, lange Stunden oder ein fremdes Klima. Unser Arzt sagte, es wäre Wahnsinn, wenn sie es wagen würde, und das war einer der Gründe. Sie änderte ihre Meinung aus eigenem Antrieb. Sie war schon immer das Haustier der Familie."

„Aber Sie nennen einen Grund. Was war das *andere* ?"

Die Ehre wurde jetzt scharlachrot. „Es war nicht schlimm – das würde ich lieber nicht sagen", stammelte sie; „Eines Tages wirst du es wissen", und sie sah verzweifelt aus.

jetzt herauskommen würde ?" sagte Frau Brande nachdenklich. „Wir können zwei so einfach aufstellen wie einen." Äh, P.? Die Hadfields erwarten Gerty im November. Sie könnte mitkommen und doch fünf oder sechs Monate lang Spaß haben. Es wird ihr in Zukunft Gesprächsstoff geben, und wenn ich mich nicht irre, wird *sie* den Menschen Gesprächsstoff geben. Äh, P.?"

Herr Brande las langsam den Brief seiner Nichte durch, aber er gefiel ihm nicht; es hatte einen kriecherischen Beigeschmack. Der strahlende, ungestüme Honor hätte niemals einen solchen Brief verfassen können.

„Vor Ort liegt ein Brief, den Sie nicht gesehen haben, Frau Brande", sagte Mark Jervis, als er ihn aufhob.

„Das stimmt, das erkläre ich; es ist von Frau Primrose. Ich bin mir sicher, dass sie möchte, dass ich dafür sorge, dass ihr Haus gelüftet wird. Sie ist diese Saison eher spät dran." Mrs. Brande ließ ihren Blick über das Papier gleiten und machte dabei einen Ausdruck echter Bestürzung.

"Was ist los?" erkundigte sich ihr Mann schnell.

„Sie kann zehn Tage lang nicht wegkommen und hat Angst, das Kind noch länger dort unten zu behalten, die Hitze ist so schrecklich. Sie möchte, dass ich sie mitnehme?"

"O Herr!" rief Herr Brande. „Wir würden lieber alles nehmen – außer Pocken. Sofort Draht – hier ist kein Platz – auf meinem Schreibtisch liegen Telegraphenformulare."

„Zu spät", stöhnte Frau Brande; „Sie hat sie weggeschickt – ‚im Vertrauen'", zitiert sie den Brief, „meiner ‚bekannten Freundlichkeit und Gutmütigkeit'!" „Ich bin viel *zu* gutmütig, das ist es, was ich bin", sagte Mrs. Brande mit ungewöhnlicher Verärgerung. „Das Kind und Ayah sind jetzt tatsächlich am Bahnhof und werden übermorgen hier sein."

„Dann werde ich verschwinden, wenn ich es schaffe", sagte ihr Mann mit Nachdruck.

„Was ist an diesem Kind, Onkel Pel, das dich und Tante Sara in solche Panik versetzt?"

"Panik! Ich danke dir, Nichte, dass du mir dieses Wort beigebracht hast! Ja; das Wort selbst – Panik. Oh! Ich habe vergessen, dass Sie und Jervis hier Neuankömmlinge sind, aber der Großteil des Nordwestens hat „Sweet Primrose" gesehen, davon gehört oder darunter gelitten."

"Süß! Was für ein Name! Ein Wortspiel, nehme ich an", sagte Honor.

„Und ein eklatanter Außenseiter", knurrte Mr. Brande.

„Bitte geben Sie uns noch ein paar Einzelheiten, Sir", drängte Mark. „Bereitet uns vor – macht uns auf der Hut."

„Sie ist sechs Jahre alt – ein Einzelkind – , *cela va sans dire* '." Äußerst hübsch, anmutig und intelligent."

„Ah, ich glaube, sie wird mir gefallen", sagte der junge Mann mit einem anerkennenden Nicken. „Ich bin bereit, ihr Champion zu sein. Ich liebe Kinder – besonders hübsche kleine Mädchen."

„Sie ist so scharf wie eine chirurgische Nadel, aktiv, gierig, ruhelos, neugierig – mit einem wunderbaren Gedächtnis für die Gespräche ihrer Älteren und einer außergewöhnlichen Fähigkeit, sie zu erzählen! Die Dinge, die das Kind mit der Miene eines kleinen unschuldigen Heiligen gesagt hat; die Geheimnisse, die sie einem ganzen Raum preisgegeben hat; die Malapropos-Fragen, die sie gestellt hat –"

„Pelham!" unterbrach seine Frau streng: „Wenn Sie eines davon wiederholen wollen, warten Sie bitte, bis Honor und ich die Veranda verlassen haben. „Das Kind ist zwar unschuldig", erklärte sie Mark, „aber boshaft, und es freut sich, wenn die Älteren elend dastehen." Oh mein Gott! Liebe mich! Ich wünschte, die nächsten zehn Tage wären vorbei. Ben kann sie nicht ertragen, und das ist kein Wunder – sie tropfte ihm heißes Wachs auf die Nase; Und als ich sie das letzte Mal hier hatte, probierte sie jede meiner besten Mützen und Hauben an und warf sie überall herum. Aber das war nicht das Schlimmste. Eines Morgens hörte sie beim Frühstück, wie Mr. Skinner eine Geschichte über ein Pferd erzählte, das er gekauft hatte, und das sich als Schraube herausstellte. Sie klatschte vor Freude in die Hände und schrie: „Ich weiß, was *das* ist!" „Ich hörte Mutter sagen, dass *du* ein schrecklicher Idiot wärst." Ich dachte, ich hätte einen Anfall bekommen sollen, und Mr. Skinner hat seit diesem Tag keinen Fuß mehr in dieses Haus gesetzt."

KAPITEL XXV.
Die süße Primel rechtfertigt ihren Ruf.

Zwei Tage nach diesem Gespräch strampelte Sweet Primrose mit ihren langen Beinen auf der Veranda von Rookwood, während sie flach auf der Matte lag und in ein Bilderbuch versunken war. Ein Bilderbuch, egal wie urig, neuartig oder umfangreich, reichte dieser jungen Dame nie länger als fünf Minuten – das wusste Mrs. Brande sehr wohl. Sie warf es verächtlich beiseite und begann erneut mit ihrem ermüdenden kleinen Papageienschrei „Amüsiere mich, amüsiere mich!" hin und her zu wandern.

Im Moment zeigte sie ihr gutes Benehmen. Sie hatte eine große Vorliebe für Mark gehabt und war überraschend höflich zu Honor; Und da sie zweifellos ein sehr hübsches kleines Geschöpf war, mit zarten Gesichtszügen, wehmütigen violetten Augen und Haaren wie gesponnene Seide, neigten die jungen Leute dazu, viel aus ihr zu machen und zu glauben, dass Mr. und Mrs. Brande voreingenommene ältere Menschen seien Paar, das nicht wusste, wie man mit Kindern richtig umgeht; und dieses besondere Kind war bereit, ihnen einen großen Teil ihrer Gesellschaft zu schenken – und sie genossen es.

Sie begleitete sie durch den Garten, wobei sie im Allgemeinen zwischen ihnen ging und sie fest an den Händen hielt. Sie verbrachte jeden Morgen eine beträchtliche Zeit in Honors Zimmer, befingerte all ihre Nippes, faltete ihre Taschentücher auseinander, drehte Stecknadelschachteln um und beobachtete mit unverhohlenem Interesse, wie Honor ihr die Haare frisierte.

Das Ergebnis der Inspektion war, dass sie beim Frühstück in der Lage war, der Gesellschaft die folgende erfreuliche Aussage mitzuteilen:

„ *Ich* habe gesehen, wie Honor sich die Haare gemacht hat; es ist lang und echt, wie meines", mit einem arroganten Zurückwerfen ihrer blonden Locken – „bis hierher", was die Länge ihrer eigenen kleinen Person anzeigt. „Sie trägt keine Gebisse, wie Mama. Mamas Pony ist ganz festgesteckt, mit langen Stücken, die ihn an der Seite befestigen, so", und demonstriert ihre Situation mit winzigen, verräterischen Fingern; „Oder wie Sie", sich an Frau Brande wendend. „ *Ich* habe deinen Zopf gesehen!"

„Nun, ich hoffe, Sie haben es bewundert!" erwiderte die Dame mit etwas umwerfender, *sanglicher Kälte* . „Es ist mir einmal selbst auf den Kopf gewachsen."

Und als Sweet feststellte, dass das Thema *nicht* schmerzhaft war, hörte er auf, es weiterzuverfolgen.

Sie saß gern auf Marks Knie, hatte den Arm eng um seinen Hals gelegt und ihre Wange an seine gedrückt, schaute sich Bilder an oder hörte Geschichten zu. Tatsächlich schien er sie (wie Mrs. Brande bemerkte) hypnotisiert zu haben. Ben misstraute dem Kind immer noch, ebenso wie Bens Großvater und seine Großmutter; aber alle anderen schienen zu glauben, dass Sweet Primrose mittlerweile ein Musterbeispiel sei – ein reformierter Charakter. Sie ging zur Band hinunter, exquisit gekleidet, in flauschigen Unterröcken und feinen Seidenstrümpfen, verantwortlich für ihre fette, juwelenbesetzte Ayah; Dort verabreichte sie anderen Kindern heimlich rechts und links Prisen und kritisierte deren Kleidung grob. Sie schlenderte in die Damentoilette, angeblich um sich die Fotopapiere anzusehen; und unter ihren Ältesten war sie so ruhig, so Klavier, so eine zierliche, stolze kleine Sterbliche, dass alte Bekannte kaum erkennen konnten, dass *dies* ihre eigene ursprüngliche und unangenehmste „Süße" war.

Es war Frau Brandes Geburtstag, und ihre Freunde hatten den Geburtstag von Frau Brande nicht vergessen. Es gab Karten, Briefe und kleine Geschenke von einigen der „Jungs", eine hübsche Tasche von Honor (die heimlich als Überraschung hergestellt wurde), Blumensträuße und eine exquisite Silberlampe von Mark Jervis, von der sie gegenüber Honor bemerkte, dass sie „das gekostet haben muss." armer Junge, eine schreckliche Summe!" – und zu guter Letzt ein silberner Fotorahmen mit „Bens Respekt".

Mrs. Brandes Gesicht strahlte. Mit ihren Geschenken in der Hand ging sie direkt auf Mark zu.

„Es war schade von dir, mir ein so tolles Geschenk zu kaufen, genau das, wonach ich mich sehnte – und Ben. *Das* war auch deine Idee! „Weißt du, dass ich Lust habe, dir einen Kuss zu geben", sagte sie drohend.

Sweet, die mit ihrem Brei spielte, versteifte sich vor Erwartung und wartete mit riesigen Augen auf die weitere Entwicklung.

Aber Mrs. Brande machte ihre Drohung nicht wahr – nein; sie sagte lediglich:

„Du bist nur ein Junge und ich bin eine alte Dame. Wie alt bist du übrigens, oder? Ich muss mir deinen Geburtstag merken."

„Ich war letzten April sechsundzwanzig."

"Sechsundzwanzig! Na ja, du siehst nicht so aus, als wäre sie fünf Jahre alt", setzte sie sich vor die Teekanne und einen Stapel Briefe und Päckchen, die neben ihrem Teller lagen.

„Pelham gibt mir immer Diamanten", fuhr sie fort, „aber ich habe jede Menge; und falls Sie denken könnten, dass er mich dieses Mal vergessen hat, hat er mir einen großen Scheck für das neue Waisenhaus gegeben; also ich habe es großartig gemacht."

„Hast du Schokolade bekommen?" fragte Sweet besorgt.

"Nein mein Schatz; aber ich kaufe dir nach dem Frühstück eine Schachtel."

„Und ist das wirklich dein Geburtstag?"

"Ja. Warum? Sieht es nicht so aus?" triumphierend.

„Ich dachte, nur Damen hätten Geburtstage", bemerkte dieser charmante kleine Gast mit strenger Miene; „Und Mrs. Dashwood sagt, *Sie* seien keine Dame."

„Nun, nicht von Geburt an, meine Liebe, obwohl ich wohl behaupten darf, dass ich genauso gut geboren bin wie sie; und außerdem erkenne ich in der ganzen Gesellschaft ihr *Ansehen* .

„Wessen Vater?" war die streng gestellte Frage.

Als Mark und Honor diese Frage mit schallendem Gelächter beantworteten, wirkte das kleine Ding überaus zufrieden mit sich selbst.

„Sie werden sie bald in Höchstform vorfinden", murmelte Mr. Brande hinter dem *Pioneer* . Dann fügte sie auf Französisch hinzu: „Seit einer Woche geht es ihr ziemlich gut, und das ist ihre längste Pause. Ich habe sie vor dem Frühstück unten im Geflügelstall gesehen, Herr, mit Ihrem schicken Sonnenschirm aus weißer Seide."

mich redet oder über irgendetwas, von dem sie nicht will, dass ich es weiß", rief Sweet lebhaft. „Ich habe mein Frühstück gemacht", rutschte von ihrem Stuhl, „und ich gehe hinunter, um die Kinder des Syce zu sehen. Oh, möchte ich nicht an ihren Haaren ziehen?" und sie rannte davon.

Sweet war an diesem Morgen von einem Dämon der Unruhe besessen — nichts gefiel ihr länger als zwei Minuten, und ihre träge Ayah überließ die Aufgabe, sie zu unterhalten, ruhig anderen. Little Miss Primrose spielte nie Spiele, kleidete keine Puppen oder machte Geschäfte — tatsächlich war Sweets Geschmack viel zu fortgeschritten für diese zahmen, jugendlichen Freuden; sie waren vor Jahren verblasst. Es bereitete ihr ein viel größeres Vergnügen, ihre Ältesten zu belästigen und ihre Mitbewohner mit der Geißel zu regieren.

Sie wanderte ziellos umher und rief mitleiderregend schrill: „Amüsiere mich, amüsiere mich!" Oh, wird mich *niemand* amüsieren!" Sie hatte genug von Honors Hüten und neuen Kleidern, von Pralinen, von Marks Geschichten; und ihr irritierender und monotoner Appell war so wahnsinnig geworden wie das ständige Zuschlagen einer Tür.

„Schau her, Süße. Ich habe eine großartige Idee", sagte Mark schließlich. „Möchten Sie, dass ich Ihr Bild zeichne?"

„Und es ausmalen?" sie fragte gerichtlich.

"Ja; und steck deine blaue Schärpe ein und alles."

„Und meine Halskette?"

„Sicherlich – bitte auch Ihre Halskette."

„Dann tue – tue – tue es in dieser Minute!"

„Du musst warten, bis ich meine Zeichenutensilien und Farben bekomme; und Sie müssen eine ganze Stunde lang ganz, ganz still sitzen. Wenn Sie das nicht können, entsteht nur ein *hässliches* Bild! Verstehst du? Meine Staffelei und meine Sachen sind in Haddon Hall. Ich muss nach ihnen schicken; Wenn Sie also gerne hingehen und sich etwas schicker machen möchten, können Sie das tun."

Er hatte kaum aufgehört zu sprechen, als das eitle kleine Geschöpf direkt in ihr eigenes Zimmer stolzierte und laut auf herrisches Hindostani nach ihrer Ayah rief.

Mrs. Brande traute ihren Augen kaum, als sie eine Stunde später voller Beklommenheit auf die Veranda kam, um zu sehen, was Sweet so still machte, und die „kleine Blase", wie sie sie im Geiste nannte, sittsam auf einem Stuhl sitzend entdeckte. so starr und bewegungslos wie eine Statue.

„Sehen Sie, ich lasse mich fotografieren", zwitscherte sie. „Aber ich darf mich nicht bewegen. Bitte schauen Sie, wie weit er gekommen ist", und nickte Mark zu, der ruhig malte, obwohl es ihm ziemlich peinlich war, dass er seinen linken Arm nicht mehr benutzen konnte.

Mrs. Brande und Honor gingen hinüber, um das Porträt zu untersuchen, und erwarteten, einen schwachen kleinen Umriss zu sehen, etwas, das nur aus gutem Grund und um das Kind zum Schweigen zu bringen, gemacht wurde. Aber sie zuckten fast zusammen, als ihr Blick auf einen grob skizzierten Kopf fiel – das lebendige, atmende Gesicht von Sweet, die sie von der Leinwand aus mit ihrem besten – kurz gesagt, ihrem „Engel"-Ausdruck ansah.

"Nun, ich nie! Warum – du bist ein ganz normaler Künstler!" keuchte Frau Brande schließlich.

„Eine sehr unregelmäßige", antwortete er lachend. „Ich habe seit mehr als einem Jahr kein Porträt mehr gemalt. Natürlich habe ich, wie jeder, der herkommt und einen Pinsel oder Bleistift halten kann, den Schnee ausprobiert! Aber mein Schnee ist einfach wie eine Reihe von Wattebäuschen. Ich kann keine Landschaften machen, obwohl ich mich ziemlich gut mit Gesichtern und Tieren auskenne."

Das würde ich eher glauben ", sagte Mrs. Brande mit Nachdruck.

„Ist es hübsch?" rief das Model gebieterisch. „Ist es hübsch, so wie ich?"

„Wer hat gesagt, dass du hübsch bist?" fragte Frau Brande.

„Jeder sagt: ‚Oh, was für ein hübsches kleines Mädchen!'"

„Es ist viel zu schön für dich, das kann ich dir sagen." Zu Mark: „Es ist wunderbar. Als Porträtmaler könnten Sie Ihr Vermögen machen!"

„Das wurde mir gesagt, vielleicht weil ich keine Chance habe, den Rat jemals in die Tat umzusetzen. Ich kann das Abbild einfangen und das Bild so gestalten, dass es meinem Dargestellten ähnelt, aber ich komme nicht zu Ende. Wenn ich ab einem bestimmten Punkt weitermache, verderbe ich die ganze Sache."

mich nicht !"

„Das ist nicht nötig, du bist schon verwöhnt genug", entgegnete der Künstler mit ungewöhnlichem Nachdruck.

„Warum hast du uns nie von diesem Talent erzählt, Mark? Was für eine Freude für Ihre Freunde", sagte Frau Brande und lehnte sich schwer auf seinen Stuhl. „Ich wünschte, du würdest eine kleine Skizze – von – Ben machen?"

"Gesagt, getan. Ich muss das für heute trocknen lassen, also rufe das nächste Opfer herbei; Ich habe einen weiteren Block bereit. Ben, alter Mann, ich werde dich der Nachwelt hinterlassen."

Ben war kein halb so gutes Model wie Sweet, wahrscheinlich weil er nicht das geringste Fünkchen persönlicher Eitelkeit besaß. Hin und wieder störte er seine „Pose", indem er auf ein spöttisches kleines Eichhörnchenteufel zustürmte, das durch das Gitterwerk spähte, und ihn herausforderte, sein Schlimmstes zu tun! Er wagte es, und es kam ausnahmslos zu nichts.

Wie war der Morgen verflogen! Wenn „P." Als er um zwei Uhr erschien, stürmte seine Frau mit zwei Bildern – einer Skizze von Sweet und einem halb ausgearbeiteten Umriss von Ben – zum Leben auf ihn zu.

„Ben ist großartig!" rief er aus, „das Funkeln in seinen Augen, der weiße Fleck auf seiner Lippe und sein Gesichtsausdruck, wenn er sonntags zu Meetings geht." Ah! Und lass mich sehen – mein „Süßes", ihr engelhaftester und butterweichster Blick! Schönes Kind!" apostrophiert sie. „Ich glaube, ich kann mich ohne die Hilfe eines sprechenden Ebenbildes an *dich erinnern!*"

„Onkel Ben, wie kannst du so schrecklich sein!" protestierte Honor und lud ihn zum Mittagessen ein.

Das Mittagessen (Tiffin) war eine überaus fröhliche Mahlzeit. Es ist gut, dass wir nicht in die Zukunft blicken können, denn das Abendessen war das trostloseste Mahl, das die jetzigen Mieter jemals unter dem roten Ziegeldach von Rookwood besprochen hatten.

Mark Jervis war seit zehn Tagen bei den Brandes und hatte noch nie eine Gelegenheit gefunden, sein Herz zu öffnen oder Miss Gordon sein Geheimnis zu verraten. Jetzt, da er unter einem Dach war, schwanden seine Hoffnungen und sein Mut schwand. Er glaubte, dass sie äußerst empört sein würde, wenn sie die Wahrheit aus seinen eigenen Lippen hörte, nämlich: dass *er* der Millionär war! Darüber hinaus „dieses teuflische Kind", wie leider! Er hatte jetzt begonnen, sie anzurufen, ließ sie nie allein oder für eine Sekunde aus ihren Augen. Er war zu einem glühenden Anhänger der Ansichten von Herrn und Frau Brande geworden – obwohl er seine Bekehrung streng für sich behielt!

Noch am selben Nachmittag stellte er fest, dass seine Chance nahte. Sweet war mit einer Kinderparty verlobt, Mrs. Brande war verpflichtet, an einem Müttertreffen teilzunehmen. Herr Brande, der mit einigen Rücksendungen beschäftigt war, sagte:

„Ehre, du und Jervis gehst die Forststraße hinauf und ich werde in einer Viertelstunde hinter dir her sein. Keine Ponys, wir gehen spazieren und geben uns Farbe und Appetit. Du kannst Ben genauso gut mitnehmen und ihn zwischen den Affen herumlaufen lassen."

Honor und ihre Eskorte machten sich auf den Weg, er hatte den Arm immer noch in der Schlinge, und sie gingen zügig die breite sandige Kutschenstraße entlang, die sich an einem sehr sanften Hang zwischen den Kiefern immer höher wand. Es war ein köstlicher, stiller Nachmittag; Der aromatische Geruch des Waldes hatte die dünne Bergluft durchdrungen und wirkte auf ihre Stimmung wie Champagner.

„Unser Neffe", in Anspielung auf Ben, der fröhlich voraus galoppierte, „scheint sich zu amüsieren", bemerkte Jervis.

"Er tut; Das ist seine Lieblingsstraße. Das war ein freudiger Gedanke an *sein* Geschenk!"

„Ja", mit einem Lächeln, „ich bin froh, dass Frau Brande so zufrieden war. Frau Sladen hat mir mit Vorschlägen geholfen."

„Arme Frau Sladen. Sie sagt, dass sie nur für dich an dem Tag getötet worden wäre, als Toby Joy euch beide den Khud hinuntergeschickt hat – dass ihr euren Arm ausgestreckt und sie gerettet habt, und ihr würdet ihr nicht einmal erlauben, das zu sagen."

"In der Tat nicht; Das werde ich auf keinen Fall tun."

„Colonel Sladen hat gewonnen, und ich habe große Hoffnungen, dass er ihr in dieser Saison erlauben wird, nach Hause zu gehen."

„Das hoffe ich von ganzem Herzen; Wenn ich sie wäre, würde ich für immer zu Hause bleiben.

„Sie hat ihre Kinder seit fünf Jahren nicht gesehen und kleine Dinge vergessen sie so schnell."

„Nicht immer", bezeichnenderweise. „Unser kleiner Freund hat ein wundervolles Gedächtnis!"

„Nein, nein; aber gewöhnliche Kinder. Süß ist außergewöhnlich. Colonel Sladen hat sehr viel Geld von Captain Waring gewonnen, und wenn es ihre Reise bezahlt, hätte das Glücksspiel ausnahmsweise *etwas* Gutes bewirkt. Trotzdem wünschte ich, er würde mit seinem Geld etwas Besseres machen. Onkel Pelham sagt, es sei ein schreckliches Beispiel für andere junge Männer."

"Ja; und er hat kein Glück. Er könnte genauso gut einen Scheck ziehen und ihn an den Sekretär schicken, um ihn unter den Mitgliedern zu verteilen, denn das ist nur ein Zeitverlust und würde am Ende auf genau dasselbe hinauslaufen."

„Abzüglich der herrlichen Aufregung des Glücksspiels, *das haben Sie vergessen* ! Es scheint zu schade, auf diese Weise Geld zu verschwenden – wo doch überall so viel Armut und Elend herrscht. Schon ein paar Kilo können Wunder bewirken und das Leben der Menschen völlig verändern. Manchmal kommt es mir so vor, als sei Geld in den falschen Händen – und seine Besitzer erkennen ihre Verantwortung nicht an."

„Ein großes Vermögen *ist* eine große Verantwortung", bemerkte ihre Begleiterin ernst. „Es ist so schwer zu wissen, wann man geben soll und wann nicht. Ich denke, Menschen mit mittlerem Einkommen haben bei weitem das Beste."

„Es wäre ein toller Witz, wenn irgendjemand uns zuhören könnte, wie wir die Nachteile des Reichtums bedauern, Sie und ich – die beiden armen Verwandten. Zumindest spreche ich für mich selbst", mit einem fröhlichen Lächeln.

„Und ich muss für *mich selbst sprechen* . Ich wollte Ihnen schon lange etwas sagen, Miss Gordon. Ich habe mich eher davor gescheut, es zu tun, weil ich befürchte, dass Sie verärgert sein werden; Aber--"

Das plötzliche Knacken eines Zweiges am Rande der über die Straße hinausragenden Böschung veranlasste ihn, nach oben zu blicken. Da stand ein großer Leopard, der gerade sprang; Wie ein Blitz landete es nur einen

Meter hinter ihnen und sprang dann mit dem armen Ben im Maul zurück! Es war alles die Arbeit von zwei Sekunden.

„Oh, Ben – armer Ben!" schrie Honor verzweifelt. „Lasst uns ihn retten; wir müssen ihn retten."

Jervis nahm ihr den Alpenstock aus der Hand und rannte das Ufer hinauf. Leoparden sind notorische Feiglinge; Das Tier blieb einen Moment stehen, ließ seine Beute fallen und sprang leichtfüßig durch das Unterholz davon.

Aber leider! Der arme Ben war tot; Vor drei Minuten war er noch voller Leben gewesen, jetzt hatte ein Biss in seiner Kehle sein glückliches Dasein beendet; da lag er mit weit aufgerissenen Augen und starrte auf einen Ausdruck erstarrten Entsetzens. Sein Tod war auf ihm, fast bevor er es merkte; Er war tot, als er von der Straße getragen wurde.

Als er schlaff auf Honors Schoß lag, liefen ihre Tränen langsam und tropften auf seinen noch warmen Körper.

Tante Sara – wer sollte es ihr sagen? Oh, was für ein Ende ihres Geburtstages! Und sie hatte sich oft vor diesem Ende für Ben gefürchtet – fast als wäre es eine Vorahnung, und sie hatte es immer so dringend nötig gehabt, ihn bis Sonnenuntergang nach Hause zu bringen. Es gab kaum ein Haus in Shirani, das nicht den „Lugger Buggas", wie die Eingeborenen sie nennen, Tribut gezahlt hatte, die besonders scharf auf Hunde waren – kurzhaarige Hunde, und die sich nach Einbruch der Dunkelheit auf Wegen und Kochhäusern in ihrer Nähe aufhielten. Aber dieser Mord war am helllichten Tag begangen worden, lange bevor es überhaupt dunkel wurde.

„Kommen Sie, Miss Gordon", sagte ihre Eskorte, „so etwas dürfen Sie sich wirklich nicht antun; Du kennst ihn erst seit drei Monaten und –"

„Sag nicht, dass er nur ein Hund war!" unterbrach sie empört.

„Na dann werde ich es nicht tun, und ich fühle mich schrecklich zerschnitten. „Ja", als Antwort auf ihren Blick nach oben, „das bin ich tatsächlich. Es ist etwas zu wissen, dass sein Ende augenblicklich erfolgte – er hat kaum gelitten."

„Und wie soll ihnen das beigebracht werden?"

"Herr. Brande ist hinter uns her. Ich werde gehen und es ihm sagen, wenn du hier warten willst. Nein, wenn ich es mir genauer überlege, würde es niemals genügen, dich allein zu lassen, und dieses Tier im Wald – ich glaube nicht, dass er einem Menschen gegenübertreten würde. Ah, hier kommt dein Onkel."

Die Tragödie wurde Frau Brande nach und nach bewusst, und ihre Trauer war groß, als ihr kleiner toter Hund hereingebracht und ihr zu Füßen gelegt wurde. Der gesamte Haushalt der Eingeborenen trauerte (ob aufrichtig oder aus unterwürfigen Instinkten, wer soll das sagen?). Die Einzige, die nicht trauerte, war Sweet, die offen ausrief, während sie fröhliche Kapriolen machte:

„Böser, hässlicher Hund! Ich bin *so* froh, dass er tot ist!"

Zum Glück hörte Mrs. Brande sie nicht, sonst hätte sie sie wahrscheinlich direkt aus dem Haus geschickt, um die Annehmlichkeiten des Dâk-Bungalows zu testen.

Die arme Frau Brande hatte so viel geweint, dass sie nicht mehr gesehen werden konnte; Sie erschien nicht zum Abendessen. Am nächsten Morgen löste Bens unvollendete Skizze erneut Tränen aus, und sie war den ganzen Vormittag nicht vorzeigbar.

Währenddessen posierte Sweet für ihr Porträt und plapperte ununterbrochen. Sie war auf einer großen Party gewesen, und kein anderes kleines Mädchen hatte goldene Armreifen oder rosafarbene Strumpfhalter mit Satinrosetten getragen. So hatte sie ihrem Publikum, Mark und Honor, offen versichert, dass letzterer von einem ganzen Stapel Büchern umgeben sei und darauf bedacht sei, ein Akrostichon in der *Welt zu lösen* .

„Der Tee war ziemlich gut", fuhr Sweet freundlich fort. „Ich habe neun Cracker und einen Fächer und eine kleine Porzellanpuppe, ganz nackt; Aber die Süßigkeiten stammten nicht von Pelitis, sondern waren sicher nur vom Basar hergestellt. Percy Holmes versuchte mich zu küssen, ich kratzte sein Gesicht und er weinte. So eine Molly! Ich werde ihn immer Baby Holmes nennen!"

So plapperte sie geschwätzig mit ihrem infantilen Klatsch weiter. Plötzlich schien ihr ein wichtiger Gedanke zu kommen, und sie fragte ernst und weitete ihre großen violetten Augen:

„Was bedeutet schädlich – de-tri-men-tal?" Sie spricht das Wort aus, als hätte sie es auswendig gelernt.

„Fragen Sie am besten Miss Gordon", antwortete Mark. „Miss Gordon, Sie haben ein Wörterbuch zur Hand."

„Oh, was *macht* das schon?" rief Honor, der langsam ziemlich misstrauisch gegenüber Sweets scheinbar naiven Fragen wurde.

„Finde es heraus, finde es heraus!" rief das Kobold und schwang ungeduldig ihre Beine hin und her. „Ich möchte es wissen, und ich sitze sehr gut – nicht wahr?"

Mark gab Miss Gordon ein Zeichen, um ihr beizustehen, und fügte hinzu:

„Ich habe noch nie einen so kleinen Menschen gesehen, der große Worte versteht."

„Hier ist es", sagte Honor schließlich, „und möge es Ihnen viel Gutes tun!" vorlesen: „Schädlich – verletzend, verletzend, voreingenommen."

„Das hat Mrs. Kane gesagt ", sagte *er* und zeigte schadenfroh mit dem Finger auf den jungen Mann. „Ein erschreckender Nachteil, und dass Mrs. Brande dumm war, ihn hier zu haben."

"Süß! Wie kannst du es wagen, solche Dinge zu wiederholen?" rief Honor mit glühenden Wangen. „Du weißt, dass es sehr falsch ist. Was für ein ungezogenes kleines Mädchen du bist!"

„Aber sie hat es *gesagt* ", beharrte Sweet kühn; „Und sie ist erwachsen."

„Sie hat natürlich Witze gemacht; Erwachsene scherzen oft."

„Sie hat viel gesagt. Sie sagte, dass--"

„Hus-sch-sch! „Wir wollen keine Geschichten hören", unterbrach Honor atemlos.

„Sie sagte", schrie eine triumphierende Stimme hoch über dem Hu-s-sh, „er war in *dich verliebt* !"

„Jetzt", rief Honor, deren Leidenschaft außer Kontrolle geraten war, während sie das kecke, selbstgefällige kleine Model musterte – sie wagte nicht, Mark Jervis anzusehen – „ich habe dir gesagt, du sollst keine Geschichten wiederholen. Ich habe Ihnen das immer und immer wieder gesagt, und dennoch machen Sie es gern, weil es die Leute verärgert – und Sie tun es ungestraft. Niemand hat dich jemals bestraft – aber – *ich* werde dich bestrafen."

Und bevor Mark ahnte, was passieren würde, hatte Miss Gordon – voller Wut in ihrem Groll – das Bild von der Staffelei vor ihm gerissen und es in vier Teile gerissen!

"Dort!" „Du kannst sofort von diesem Stuhl aufstehen, Süße", rief sie atemlos. Mr. Jervis hat mit Ihnen Schluss gemacht."

Sweet öffnete ihre großen violetten Augen und blickte ungläubig und erstaunt. Noch nie war ihr so gedient worden. Bisher hatte sie die Menschen immer wütend, unbehaglich oder schockiert gemacht und dabei ungeschoren davongekommen, und sie hatte ausnahmslos das genossen, was in Sportkreisen als „Walk Over" bekannt ist.

Noch nie hatte sie eine so wütende junge Dame gesehen. Wie rot ihre Wangen waren – wie hell ihre Augen glitzerten. Dann richtete sich Sweets Blick auf ihr eigenes Bild, ihr Mund öffnete sich weit und stieß einen ohrenbetäubenden Schrei aus, als sie wie ein Kanarienvogel von seiner Stange von ihrem Stuhl stürzte und strampelnd und schreiend auf der Veranda lag.

„Schließlich", sagte Jervis mit einer Miene demütiger Missbilligung, „hätten Sie nicht so wütend auf den armen kleinen Bettler sein müssen; Sie hat nur die Wahrheit gesagt." (Dass er ein Schädling war oder dass er in sie verliebt war – was?)

Von lautem Geschrei angezogen, stürmten Herr und Frau Brande von gegenüberliegenden Türen aus auf den Tatort. Auch die träge Ayah erschien und erhob ihren schluchzenden Schützling, der ab und zu sein Schluchzen durch einen schrillen Wutschrei abwechselte.

"Was ist es?" rief Mr. Brande und appellierte eifrig an Honor und Mark. „Ich dachte, du würdest sie foltern – endlich ! "

„Was ist los, Liebling? Was ist es? Sag mir!" flehte Frau Brande. „Komm zu mir, Liebling, und erzähl mir alles darüber, Doatie. Da jetzt – da jetzt", tupfte sie mit ihrem Taschentuch auf die Augen des Kindes.

„Das", sie versteifte sich plötzlich in den Armen der Ayah und zeigte mit zitterndem Finger auf den Schuldigen, „dieses Schweinemädchen, hat mein hübsches, hübsches Bild zerrissen, weil – ich habe ihr gesagt, dass Mrs. Kane gesagt hat, dass Mark verliebt war." Sie – sie *hat* es beim Tee zu Mrs. King gesagt, und dieses Biest von einem Mädchen hat mein Bild zerrissen – und ich werde es meiner Mutter sagen, ich werde – ich werde es tun – und Mrs. Kane hat es gesagt – und Mrs . King sagte –"

„Um Himmels willen, nimm sie weg!" rief Herr Brande aufgeregt.

Daraufhin wurde Sweet sofort fortgetragen, trat verzweifelt um sich und schrie immer noch: „Sie hat es gesagt." Sie tat es – sie tat es – sie tat es!"

KAPITEL XXVI.
DAS ERGEBNIS DES SPIELS „HOME, SWEET HOME".

Für die meisten Menschen mag es vielleicht lächerlich erscheinen, aber es war dennoch eine ernste Tatsache, dass Frau Brande so schreckliche Sorgen um ihren Hund machte, dass ihr medizinischer Berater (Dr. Loyd) ihrem Mann vorschlug: „Ein paar Tage ..." ändern, nur um sie abzulenken! Du unternimmst oft eine einwöchige Reise durch die Berge – geh jetzt.

Ein solcher Ausflug bedeutete nicht den wilden, weglosen Dschungel, sondern ein Land, das von guten Straßen und Reitwegen durchzogen war und in angemessenen Abständen von bequemen Rasthäusern gespickt war. Weder das Mitgefühl ihrer Freunde noch ein hübsches kleines Grab und ein Grabstein mit der Aufschrift „Ben" hatten den Schmerz der Trauer der trauernden Dame auch nur im Geringsten gelindert; und sie wollte einem süßen kleinen Welpen, den Mark für sie besorgt hatte, überhaupt nichts sagen, sondern trieb ihn empört hinaus zum Untergang der Ayah. Nein, es blieb nichts anderes übrig als die vorgeschriebene Expedition. Frau Sladen hätte mit von der Partie sein sollen, bekam aber (wie üblich) keinen Urlaub von zu Hause. Herr Jervis hätte sich ihnen gerne angeschlossen, aber er wagte nicht, sich von Shirani zu entfernen, für den Fall, dass die erwartete Vorladung während seiner Abwesenheit eintreffen könnte. Die langen Märsche hätten großartige Gelegenheiten für *Tête-à-Têtes* mit Miss Gordon geboten – er hätte ihr *alles erzählt*, während er an ihrer Seite ritt; Die einzige Schwierigkeit bestand darin, dass er jetzt ziemlich zweifelte, ob Miss Gordon an seinen Vertraulichkeiten interessiert sein würde. Ihre Empörung, als Sweet mit dem heiligsten Geheimnis seiner Seele herausplatzte, hatte ihm die Augen geöffnet, und als er es gewagt hatte hinzuzufügen, dass das Kind die *Wahrheit gesagt hatte*, hatte Miss Gordon ihn einfach verdorrt. Ja, Waring hatte recht, als er von ihren hochmütigen Augen sprach. Ihr Zorn war schließlich wie ein kurzes Gewitter vorübergezogen, und sie hatte sich demütig für ihren Ausbruch entschuldigt, ohne jedoch den geringsten oder leisesten Hinweis auf seine Bemerkung zu geben – da sie möglicherweise unbemerkt blieb.

„Du hast mich schon einmal wütend gesehen", hatte sie erklärt – „nicht, dass *das* eine Entschuldigung für mich wäre, sondern eher das Gegenteil." Natürlich hatte ich nicht das Recht, Ihre Zeichnung anzufassen, und es tut mir außerordentlich leid, dass ich einem so verrückten Impuls nachgegeben habe. Ich wollte diesem elenden Kind eine Lektion erteilen und fing die erste Waffe, von der ich dachte, dass sie sie bestrafen würde. Ich verhalte mich nicht oft so beschämend und undamenhaft, das versichere ich Ihnen."

Und er versicherte sich, dass er seine wahre Identität und seine guten Aussichten für immer in seiner Brust behalten würde, soweit es sie betraf.

Die zwei Tage, die er mit der Vorbereitung des Marsches verbrachte, verbrachte er damit, Bens Porträt fertigzustellen. Er hielt sich weitgehend zurück; er schien schweigsam und außer sich zu sein; und Mrs. Brande vertraute ihrem Mann an, dass sie sicher war, dass sein Handgelenk ihm weh tat – er war zu locker damit umgegangen, und sie gab ihm viele Anweisungen zu diesem Thema, bevor sie sich trennten, er solle nach Haddon Hall zurückkehren und sie dazu Führen Sie den Weg aus dem Bahnhof. Er sollte jeden Tag hinaufgehen und sich Rookwood ansehen, einen Blick auf das Geflügel und die Ponys werfen und dafür sorgen, dass die Farne richtig gegossen wurden; Mit anderen Worten: Herr Jervis blieb als verantwortlicher Hausmeister zurück – ein Zeichen beispiellosen Vertrauens.

Wie lange schien es her, seit er nach Shirani gekommen war! dachte er, als er die Karrenstraße hinauftrottete, nachdem er seinen Freunden eine gute Reise beschert hatte. Die Chancen standen gut, dass sein Vater ihn nie holen lassen würde – trotzdem würde er bis Oktober auf seinem Posten bleiben und dann nach Hause gehen. Es würde ihm nicht leid tun, Onkel Dan noch einmal zu sehen, ihm Geschichten zu erzählen, seine Geschenksammlung auszupacken, sich in den Clubs umzusehen, alles zu hören, was während der Saison passiert war, und seine jungen Jäger auszuprobieren Jungtiere.

Ja; Es war schön und gut, bescheidene Ideen zu haben, aber die Prise Armut war eine andere Sache, und er und die Armut entwickelten nach und nach eine recht herzliche Bekanntschaft. Er wurde wegen gemeinsamer Rechnungen gemahnt – unangenehme gemeinsame Rechnungen – kleine Konten, die ihm das Gefühl gaben, klein zu sein, weil sie dachten, sie seien unbezahlt; Schuhrechnungen, Grammrechnungen, Gymkana-Abonnements, Holz- und Holzkohlerechnungen und sogar Milchrechnungen. Er würde es als schwierig empfinden, alte Rechnungen abzubezahlen und genügend Geld für ihre Verabschiedung übrig zu lassen. Er sah, wie seine eigenen privaten Mittel täglich schrumpften; Dennoch war er entschlossen, weder bei seinem Onkel Geld zu beantragen noch seinen Wechsel von sechshundert Pfund zu überschreiten. Warum sollte sein Onkel für seine kurzsichtige Torheit bezahlen? er hatte ihm gesagt, er solle das Geld auf seinen eigenen Namen behalten, und dennoch hatte er Clarence freie Hand gelassen. Aber andererseits hätte er in seinen wildesten Momenten nie gedacht, dass der Geldbeutel, der Kapitän Warings Bedürfnisse, Wünsche und Schwächen befriedigte, praktisch grenzenlos sein musste. „Was für ein Narr ich war!" er sagte zu sich selbst. „Ich habe wie ein Einsiedler gelebt und Waring wie ein Prinz; Er hat jeden Penny meines Geldes verschwendet, dreht sich um und beschuldigt *mich*, ihn in Versuchung geführt zu haben!"

Mrs. Brande schlängelte sich in ihrem bequemen Mussouri-Dandy, Mr. Brande und Honor im Voraus, an den steilen Hängen der Wälder entlang – über Pässe und Schluchten hinunter – und reiste die ganze Zeit durch exquisite Landschaften in der klaren Hügelluft, wo alles frisch aussieht , und die Umrisse der Bäume und Berge zeichnen sich scharf vor einem wolkenlosen Himmel ab. Sie machten jede Nacht Halt an einem anderen Bungalow, marschierten täglich etwa fünfzehn Meilen und kamen am frühen Nachmittag an ihrem Rastplatz an. Am dritten Tag kamen sie zu einer kleinen, abgelegenen Waldhütte, die nur eine Veranda und drei Zimmer enthielt, von denen zwei bereits belegt waren.

Ein solcher Zustand war beispiellos. Bei den früheren Ankömmlingen handelte es sich um zwei Ingenieure im Rahmen einer Vermessung und eine allein reisende Dame. Mr. Brande sah übermäßig ausdruckslos aus, er musste auf der Veranda eine Art Unterschlupf errichten, denn sie hatten keine Zelte mitgebracht, und während er sich mit Nuddoo beriet, schlenderte Honor mit ihrer Geige davon. Sie spielte gerne an einsamen Orten – wo alle möglichen musikalischen Launen und gelegentlich auch ihre eigenen Kompositionen für sterbliche Ohren unhörbar waren.

Sie kletterte den langen, abfallenden Hügel an der Rückseite des Bungalows hinauf, setzte sich unter ein großes Büschel Bambus und Elefantengras und begann sanfte, melancholische Musik zu spielen, die exquisite Worte zu enthalten schien.

Sie spielte eine ganze dreiviertel Stunde lang verträumt vor sich hin und hielt dann inne, um ihre Augen mit der Landschaft zu füllen – den sanften Hügeln, dem Glitzern des Sonnenuntergangs auf einem fernen, tief gelegenen Bergsee, der schwachen fernen Linie der Ebene .

Endlich war es Zeit zu gehen; Ein Stern war draußen, und ein dünner silberner Mond war in den Himmel gesegelt. Sie spielte als letztes „Home, Sweet Home", eine Hommage an Merry Meetings und seine Bewohner. Als der letzte Ton verklang, nahm ihr geschultes und sensibles Ohr ein leises Geräusch im hohen Gras und Dschungel hinter ihr wahr. War es der Klang eines menschlichen Seufzers? Sie zuckte zusammen und sah sich um. Gerade noch rechtzeitig, um zu sehen, wie sich eine dünne Hand zurückzog und das Gras am ganzen Körper bebte, als etwas – jemand – sich heimlich davonschlich. Jeder Hauch von Farbe war aus Honors Gesicht verschwunden, als sie in das immer noch sanft wogende Gras blickte. NEIN; Sie hatte nicht den Mut, eine Suche durchzuführen. Der gesunde Menschenverstand flüsterte, warum sollte sie?

Der Ort war äußerst einsam, isoliert, still; Die Hügel und Wälder hatten bereits einen unheimlichen und gespenstischen Eindruck, oder war es nur Einbildung. Im nächsten Moment rannte Miss Gordon, Geigerin und Feigling, den Hügel hinunter zum Rauch des Bungalows, so schnell ihre hübschen Füße sie tragen konnten – und das in einem überraschend schnellen Tempo.

Sie kam atemlos an, gerade als die Lampen in ihr Zimmer getragen wurden; aber überraschenderweise behielt sie ihr Abenteuer für sich. Es hätte alles schick sein können – und sie kannte die beharrliche Art von Onkel P., Dinge in Stücke zu reißen!

Onkel Pelham betrachtete eine Nacht, die er auf einer offenen Veranda verbrachte, nicht mit großer Freude. Er war etwas anfällig für Schüttelfrost, und die scharfe Bergluft hatte eine durchdringende Wirkung auf seine rheumatischen Knochen. Mrs. Brande hatte ihm vorgeschlagen, eine höfliche Nachricht an ihre Mitreisenden zu schicken und um einen Teil ihres Quartiers zu bitten.

„Sie können nur ‚Nein' sagen", forderte sie aufmunternd.

„Ich möchte nicht das Risiko eingehen, dass sie nur ‚Nein' sagen", lautete die etwas herbe Antwort.

Position nur allzu gerne entgegenkommen werden , P. Was ist schließlich eine Ecke eines Schlafzimmers? und ich habe das Gefühl, dass ich irgendwo einen von ihnen getroffen habe – den mit dem blassen Gesicht und dem Fischerkorb. Es war unten in Ŏrai. Erinnerst du dich nicht an ihn, P. – einen sehr dummen jungen Mann?"

„Meine Liebe, ich fürchte, Sie müssen mir eine genauere Beschreibung geben. Ich kenne so viele dumme junge Männer", entgegnete Mr. Brande auf seine trockenste Art.

In diesem Moment stolzierte Nuddoo, der Herrliche, herein und sagte mit einem Salaam:

„Der Mem Sahib im anderen Raum bietet unserer Miss Sahib halben Platz."

„Da sind Sie ja, Ehre!" rief ihr Onkel fröhlich und dachte an die gewisse Kälte, der er so knapp entkommen war.

„Aber wer *ist* der Mem Sahib?" fragte seine Frau mit ihrer autoritärsten Miene.

„Eine einheimische Dame – sehr reich", war die völlig unerwartete Antwort.

"Einheimisch!" wiederholten Mrs. Brande und Honor in einem Atemzug. Dann sagte Honor: „Nun, es ist äußerst nett von ihr, und Sie können sagen, Nuddoo, dass ich es mit großer Freude annehme, wenn ich ihr keine Unannehmlichkeiten bereite."

"Ehre!" keuchte ihre Tante.

„Ja, Honor, du bist ein Mädchen nach meinem Herzen", sagte ihr Onkel; „Silber gepunzt, nicht galvanisiert." Ich wage zu behaupten, dass die meisten Mädchen, die wir kennen, sich geweigert hätten, das Zimmer einer einheimischen Dame zu teilen!"

„Ich bin kein Mädchen", platzte seine Frau heraus, „und das würde ich auch tun. Sie wird die ganze Nacht Betelnüsse oder Opium kauen, merken Sie sich meine Worte; und der Ort wird von ihren Frauen überfüllt sein, die zusammengekauert auf dem Boden liegen, starren und flüstern und Kardamom und Gewürze essen! Lass *all* deinen Schmuck und deine Uhr bei mir, mein Lieber; Und in der Tat, Pelham, es ist nicht eines von hundert Mädchen, das mit einer Begum schlafen würde, um deine rheumatischen alten Gelenke zu retten."

Honor zog sich um neun Uhr zurück; Mrs. Brande verabschiedete sich von ihr, als würde sie zur Hinrichtung gehen. Sie betrat das andere Zimmer, das sich an der Rückseite des Bungalows befand, mit großer Vorsicht, denn sie sah, dass ihre Mitbewohnerin offenbar schlief. Jedenfalls lag sie im Bett und ihr Kopf war mit einer Steppdecke bedeckt. Es war die übliche weiß getünchte Wohnung mit einer Decke aus Kiefernholz und enthielt nichts weiter als die üblichen Kordelmatten, einen Tisch, zwei Stühle und zwei Betten. Eine Lampe brannte schwach; Es gab keine Spur von einem Mitglied des Gefolges der Begum!

Honor beeilte sich, sich so lautlos wie möglich auszuziehen und ins Bett zu legen. Sie war müde, sie war den ganzen Tag an der frischen Luft gewesen, und bald darauf schlief sie tief und fest ein. Aus diesem Schlaf wurde sie unerwartet durch ein Licht und das Gefühl geweckt, dass sich jemand über sie beugte. Plötzlich bemerkte sie, dass eine Fremde, eine Frau, neben ihrem Bett stand und in einem merkwürdig bedächtigen Flüstern stammelte: „Oh, ich bitte um Verzeihung!"

„Dann", sagte das Mädchen, setzte sich sofort auf und rieb sich die Augen, „sind Sie Engländerin?"

Es war einer ihrer wildesten Schüsse. Sie hatte von einer Begum geträumt, mit Ringen in der Nase; Die Frau neben ihr gab keine andere Antwort, als dass sie in laute, hysterische Tränen ausbrach, sich plötzlich neben das Bett kniete und ihr Gesicht in ihren Händen vergrub.

„Oh, erzähl es mir", sagte das Mädchen und legte einen impulsiven Griff auf ihre hebende Schulter. „Was ist dein Problem?"

„Großartig, groß – Ärger – wie Sie ihn sich noch nie erträumt haben", keuchte die Gestalt. „Ich saß im Wald und hörte dich spielen. Als du ein Stück gespielt hast, das ich seit mehr als dreißig Jahren nicht mehr gehört hatte, schmolz etwas in meinem Herzen. Ich hatte das Gefühl, dass ich dich sehen *muss* – denn obwohl ich dich noch nie von Angesicht zu Angesicht gesehen hatte, liebte ich dich! Ich habe dich gebeten, mein Zimmer mit dir zu teilen, damit ich dich heimlich ansehen und die Erinnerung an deine Gesichtszüge in mein Herz tragen könnte – aber", sie hob nun ihren Kopf und blickte mitleiderregend auf Honor, „du bist aufgewacht und hast mich entdeckt –"

Zu Honors Überraschung war sie eine alte Frau – zumindest waren ihre Haare schneeweiß, ihre Augen schwarz und scharf wie die eines Falken. Ihr Gesicht war dünn und hager, ihre Gesichtszüge waren abgenutzt, aber in Form und Umriss waren sie perfekt. Diese weißhaarige Frau, die neben Honor kniete und ihr mit hastigen, fieberhaften Küssen die Hände küsste, muss einst außergewöhnlich hübsch gewesen sein – nein, sie war *jetzt hübsch*
.

„Ich habe dich schlafen sehen", fuhr sie mit einer Art heiserem Flüstern fort. „Seit fünfunddreißig Jahren habe ich keinem unschuldigen englischen Mädchen ins Gesicht gesehen. Mir ging es einmal wie dir. Deine Musik hat mein steinernes Herz erweicht, und ich hatte das Gefühl, dass ich dich sehen muss – ja, und vielleicht einmal mit dir sprechen muss – lieber Gott, bevor ich sterbe!"

„Aber was ist dein Problem?" drängte Honor und drückte die dünne Hand, die ihre hielt. „Was ist passiert – wer bist du?"

„Ja – wer bin ich? – das ist die Frage – eine Frage, die niemals beantwortet werden wird. Denn jede Seele verpfändet ihre eigenen Werke – meine Seele ist dem Schweigen verpflichtet. „Hast du gehört", ihre Stimme senkte sich zu einem Flüstern, das wie ein eisiger Windstoß zu frieren schien, „von den – Meuterei-Damen?"

„Ja, arme Seelen; und ich bin stolz auf meine Landsfrauen."

mich wärst . Sie sprechen von denen, die aufstanden – ja, wie ich sie gesehen habe – und sich dem Schwert opferten – von denen, die wie Ochsen abgeschlachtet und geschlachtet wurden. Ich spreche von – von – von – *anderen* – wie kann ich es diesem Kind sagen? –, die im Leben ihrer Eingeborenen fortgerissen und für immer verloren wurden. Ich", blickte dem Mädchen fest in die Augen, „ich bin einer von denen. Verlorene Ehre – verlorenes Leben – verlorene Seele! Gott hilf mir!"

Es herrschte Totenstille, die nur durch das wütende Flackern der Lampe unterbrochen wurde, und dann fügte sie mit seltsamer, rauer Stimme hinzu:

„Nun, ich warte darauf, dass du mich anspuckst!"

"Warum sollte ich?" murmelte Honor flüsternd.

"Hören! Ich werde das Licht ausmachen und hier auf dem Boden sitzen, und du wirst meine Geschichte erfahren."

Eine weitere Sekunde später lag der Raum in völliger Dunkelheit. Die Dunkelheit schien der Fremden Selbstvertrauen zu geben, denn sie erhob ihre Stimme um ein Vielfaches, und Honor konnte jede Silbe deutlich hören.

„Vor vierunddreißig Jahren war ich nicht älter als du, aber ich war seit einem Jahr verheiratet. Wir waren sehr glücklich, mein Mann und ich. Er war Offizier – egal in welchem Korps. Die Meuterei brach aus; Aber wir hätten nie gedacht, dass es *uns berühren würde* – oh nein, nicht *unsere* Stellung! So war es bei uns allen. Eines Sonntags waren wir alle in der Kirche – ich erinnere mich noch gut; Wir befanden uns mitten in der Litanei und beteten darum, von „Kampf, Mord und plötzlichem Tod" befreit zu werden, als draußen ein lautes Geschrei und Schüsse begann und die Leute zu spät herbeistürmten, um die Türen zu schließen, und einige wurden niedergehauen – ah, ich sehe sie jetzt" – Honor spürte, wie sie schauderte – „und viele andere und ich flohen in den Glockenturm, während unsere Ehemänner die Treppe hielten. Sie hielten die Unglücklichen so lange in Schach, dass sie keine Geduld mehr hatten, und nachdem sie die Kirche in Brand gesteckt hatten, stürmten sie in die Quartiere und in die Schatzkammer; Und dann kamen wir alle herunter und fanden unsere Kutschen, Ponys und Pferde (die meisten davon) wie immer dort wartend, wo wir sie zurückgelassen hatten. Wir stiegen ein und fuhren im Galopp zu einem benachbarten Rajah, um ihn um seinen Schutz zu bitten; Aber viele der Männer, darunter auch mein Mann, blieben zurück, um zu versuchen, Truppen zu sammeln und das Arsenal und die Schatzkammer zu retten. Der Rajah lebte fünfzehn Meilen von unserer Station entfernt – wir kannten ihn gut – er kam zu allen unseren Sportarten und Rennen. Fünfzig von uns suchten seinen Schutz, aber er tat so, als hätte er Angst, uns zu beherbergen, und wies uns am nächsten Tag alle hinaus.

„Wir fuhren weiter – oh, was für eine melancholische Kavalkade! – in der Hoffnung, sicher eine andere Station zu erreichen; aber leider! Noch bevor wir fünf Meilen zurückgelegt hatten, trafen wir auf zwei Eingeborenenregimenter, die meuterten – und trafen sie von Angesicht zu Angesicht. Als wir vorfuhren, wurde uns der Reihe nach zum Aussteigen befohlen; und als jeder Mann, jede Frau oder jedes Kind unbewaffnet und völlig wehrlos ausstieg, wurden sie erschossen oder niedergemetzelt. Oh, die Straße – ich werde sie nie vergessen – diese rote, rote Straße zwischen zwei Zuckerrohrfeldern! Miss Miller – wie mutig sie aussah! Genau wie man sich eine Märtyrerin vorstellt – sie stieg leise aus, nahm ihren Hut ab und sagte kein Wort oder weinte, als sie ihrem schrecklichen Tod gegenüberstand.

"Frau. Earl und ihre beiden kleinen Kinder sowie der arme junge Clarke, der in der Kirche verwundet worden war. Ich war einer der Letzten; Ich war ohnmächtig geworden, und sie dachten, ich wäre tot, glaube ich, und warfen mich in einen Graben. Bald darauf kroch ich heraus und kroch in das Zuckerrohr; aber ein Sowar hat mich entdeckt; Er sah mein weißes Kleid und kam mit einem blutigen, erhobenen Tulwar; aber etwas hielt seinen Arm fest – meine Schönheit, nehme ich an. Ich war die Schönheit der Station – und er bot mir mein Leben an, und ich nahm es. Oh", und sie schluchzte hysterisch, „denken Sie daran, dass ich erst zwanzig war! Ich hatte die Toten gesehen. Oh, denken *Sie nicht* so schlecht von mir, wie ich von mir selbst denke! Er kam bei Sonnenuntergang und brachte mir das dunkle Tuch einer einheimischen Frau, um es über mein Kleid zu werfen; und als die Sterne zum Vorschein kamen, schwang er mich auf den Schweif seines Zugpferdes, und ich ritt hinter ihm nach Lucknow. In Lucknow gingen wir zu Fuß, um nicht aufzufallen, und in der Menschenmenge entkam ich ihm, bog in eine schmale Gasse ein und floh. Ich stand in einer Tür, als er vorbeirannte, und atmete frei; aber leider! Plötzlich öffnete ein alter Mann die Hintertür, starrte mich eindringlich an – einen Feringhee, der auf seiner Schwelle stand – und zog mich hinein. Was nützt es, zu schreien! Ich befand mich in einer wahren Löwengrube.

„Der alte Mann hielt mich verborgen, kleidete mich in einheimische Kleidung, nannte mich seine Verwandte und gab mich seinem Sohn zur Frau – einem schwachsinnigen, schwachen Geschöpf, das starb, und ich blieb als Witwe zurück – eine einheimische Witwe." . Oh, ich kenne das einheimische Leben! Die wilde Tyrannei der alten Frauen, der alten Schwiegermutter, ihrer Zungen, ihrer Bosheit, ihrer gnadenlosen Grausamkeit! Wie viele Rachetaten wurden an *mir verübt* ! Damals war ich benommen und halb verrückt. Nein, ich hatte kein Gefühl; Ich war inmitten eines fremden Volkes; die meines eigenen Landes habe ich nie gesehen – nein, nicht, als Lucknow erobert wurde. Es dauerte drei Jahre, bis die Nachricht von seinem Fall mein Ohr erreichte. Ich habe diese tödliche Pforte kein einziges Mal überquert. Ich befand mich, wie meine Verwandten glaubten, in meinem Grab.

„Meine Schwiegermutter starb schließlich, und dann entspannte sich der alte Mann, der immer mein Freund gewesen war. Ich hatte mehr Freiheiten, mein Verstand schien sich zu erholen, ich sprach Hindustani wie ein Muttersprachler. Ich ging als mahommedanische Frau hinaus – verschleiert. Die Basarleute ahnten nicht, dass ein Mem Sahib unter ihnen war; Sie glaubten, ich sei eine Perserin – Perserinnen sind sehr hell –, nur eine alte Frau und ihre Tochter kannten die Wahrheit. Hin und wieder schmuggelten sie mir eine englische Zeitung oder ein Buch, sonst hätte ich wohl meine eigene Sprache vergessen. Ich habe dieses Leben fünfzehn Jahre lang gelebt, und dann ist mein Schwiegervater Naim Khan gestorben. Er hatte keine nahen Verwandten, war reich und hinterließ mir sein ganzes Geld.

„Ich kam mit den beiden Dienern und einem alten Mann weg. Ich erinnerte mich an Shirani und fand eine kleine Hütte in den Hügeln, in denen ich wohne. Diese Hügel sind für mich der Himmel, so wie die Ebenen die Hölle waren. Denken Sie – nein, denken Sie *nicht* – an das erstickende Leben in einem winzigen Innenhof im dichtesten Stadtviertel, an das faulige Wasser, die Fliegen, die Atmosphäre. Ich *hätte* schon vor langer Zeit sterben sollen, aber es sind die Guten und Geliebten, die sterben. Sogar der Tod hat mich verachtet! Ich habe ein beträchtliches Einkommen und muss einmal im Jahr persönlich erscheinen und es abheben. Ich kehre jetzt von einer kurzen Reise zurück und es ist das erste Mal, dass ich einer Seele begegne. Dieser einsame kleine Bungalow ist im Allgemeinen ziemlich leer."

"Wo wohnst du?" fragte Honor eifrig.

„In diesen Hügeln, meilenweit entfernt, habe ich meine Bücher, Blumen, Geflügel und die Armen. Ich arbeite unter den Leprakranken."

"Allein?"

„Ja, für immer allein; und meine Geschichte ist nur für *Ihre* Ohren."

„Und deine eigenen Leute?"

„Glauben Sie, dass ich tot bin; und so bin ich. Bin ich nicht vor vierunddreißig Jahren gestorben? Gibt es in der Kirche, in der wir zum ersten Mal angegriffen wurden, nicht ein sehr schönes Fenster zu meiner Erinnerung? Ich habe in der Zeitung eine Beschreibung davon gelesen: „Die geliebte Frau von Soundso, zwanzig Jahre alt." Mein Mann ist verheiratet."

"Verheiratet!" wiederholte das Mädchen mit erschrockener Stimme.

"Warum nicht? Seine Familie wird erwachsen – er hat einen Sohn im Militärdienst; seine älteste Tochter ist zwanzig. Sie ist nach seiner ersten Frau benannt. Seine erste Frau – das arme junge Ding! – wurde bei der Meuterei getötet und auf der Straße nach Bhogulpore massakriert. War es nicht traurig?" fügte sie mit harter, emotionsloser Stimme hinzu.

"Sehr sehr traurig!" sagte Honor in einem völlig anderen Ton.

„Ich habe keinen Namen, keine Leute, keinen Freund."

„Du lässt mich deine Freundin sein?" – drückte ihr mitfühlend die Hand.

„Wie heißt du, mein Kind?"

„Ehre Gordon."

„Ehre – ein schöner Name! *Du* hättest dein Leben gegeben – ich habe es in deinen Augen gesehen. Leider war ich nie mutig, ich konnte den Schmerz nie ertragen. Das Leben war süß – jedes Leben, nicht der Tod; alles andere als ein scharfer, schrecklicher, gewaltsamer Tod! Oh, wenn der Tod nur ein schmerzloses Schlafen außerhalb des Lebens wäre, wie viele von uns würden es verlassen!"

"Und wie heißt du?" fragte das Mädchen ihrerseits.

„Nussiband."

„Aber dein *richtiger* Name? Willst du es mir nicht sagen?"

„Ich habe es vergessen – fast. Es wird jetzt nie erfahren werden – nicht einmal, wenn ich tot bin. Die Leute kennen mich als die Perserin, die in der Nähe von Hawal Ghât lebt."

„Lass mich etwas für dich tun. Oh, das wirst du – du musst!"

„Was könntest du tun, mein Lieber?" sie fragte in einem hoffnungslosen Ton.

„Sie werden mir erlauben, Ihnen zu schreiben. Lass mich auch gehen und dich sehen. Erlauben Sie mir, Ihr Leben auf irgendeine Weise zu verschönern."

"Unmöglich. Es hat mir gut getan, dich gesehen zu haben. Ich habe meine Geschichte einmal vor meinem Tod einer Landsfrau ins Ohr geschüttet. Mögen Sie immer glücklich und gesegnet sein. Gib mir ein kleines Andenken, nicht um mich an dich zu erinnern, sondern um es zu behalten, weil es dir gehörte."

„Was kann ich dir geben?" – und dachte mit Bedauern an ihre wenigen Schmuckstücke, die anderswo waren.

„Ein kleiner Karneolring ist mir an deinem Finger aufgefallen."

Honor hat es geschafft. Sie spürte, wie ein langer, inniger Kuss auf ihre Hand gedrückt wurde. Dann sagte sie:

„Du erlaubst mir, dir zu schreiben und dir Bücher zu schicken? Du musst. Ich werde keine Ablehnung akzeptieren. Aber darüber können wir doch morgen früh reden, oder?"

Es gab keine Antwort außer einem weiteren Kuss auf ihre Hand und einem tiefen Seufzer.

In der frühen Morgendämmerung erwachte Honor, setzte sich auf und sah sich gespannt um. Der andere Charpoy war kahl und leer. Sie sprang aus dem Bett und verärgerte beinahe ihr Ayah, als sie mit ihrem frühen Morgentee hinter die Tür trat, ein Küken.

„Wo ist die andere Dame?" fragte sie aufgeregt.

„Oh, diese Perserin, sie ging, als es noch dunkel war. Seht sie auf ihrer Reise."

Und sie zeigte auf eine schmale Straße auf der anderen Seite des Tals, auf der ein Dandy mit Trägern schnell außer Sichtweite verschwand.

Nach dieser Erfahrung hatte Honor das Gefühl, plötzlich um Jahre älter geworden zu sein. Sie sah ungewöhnlich blass und ernst aus, als sie sich zum Frühstück zu den Brandes gesellte.

„Na, mein Lieber, und wie ist es dir ergangen?" fragte ihre Tante. „Hat sie die ganze Nacht eine Huka geraucht?"

„Nein, Tante."

„War sie sehr dunkel und fett und hat sie Betelnüsse gekaut?"

„Nein" – eher kurz.

„Und ist das alles, was Sie zu sagen haben?" – in einem Tonfall großer Enttäuschung.

„Meine Güte, Sara!" rief ihr Mann ungeduldig, „Sie nehmen nicht an, dass sie ein Gespräch führten, es sei denn, sie redeten im Schlaf."

„Und hier sind deine Armreifen und Sachen, Liebes", fuhr ihre Tante fort. „Aber ich sehe deinen kleinen Karneolring nirgendwo! Ich wirklich – es ist keinen Cent wert – aber ich sehe es nicht."

Nein – und es war auch unwahrscheinlich, dass sie es jemals wieder sehen würde.

KAPITEL XXVII.
FRAU. LANGRISHE gibt sich die Mühe, jemanden aufzunehmen.

Der kleine Ausflug ins Landesinnere dauerte zehn Tage. Mr. Brande liebte es, auf diese Weise die Fesseln des Amtes abzuwerfen und viele Meilen von Berg und Tal zwischen sich und offiziellen Briefen, Telegrammen und scharlachroten Chuprassen mit ihren abscheulichen Blechdosen zu legen. Er blieb bis zur letzten Stunde seines Urlaubs weg und genoss gemütliche Märsche, *Tiffins* und Tees im Freien an einladenden Orten sowie freundschaftliche Gespräche mit den kräftigen Paharis oder Bergbewohnern. Er kehrte ebenso erfrischt von der Veränderung nach Shirani zurück wie seine gute Frau.

Als sie nach Hause kamen, stand der Tee auf der Veranda bereit. Selbst dem scharfen Auge der Herrin erschien alles in perfekter Ordnung, von den schneebedeckten Khitmatgars, den glänzenden dunkelgrünen Farnen bis hin zum frisch gewaschenen und mit Bändern geschmückten Welpen, der in den Armen der Ayah anwesend war. Kurze Zeit später erschien Frau Sladen, um die Familie willkommen zu heißen. Ihr folgten rasch Mrs. Paul in einer Rikscha und Miss Yalpy auf einem schicken Kastanienpony.

„Wir sind gekommen, um alle Ihre Neuigkeiten zu hören", sagte diese, während sie sich einen schönen kleinen heißen Kuchen gönnte.

"Nachricht! Beten Sie, woher sollen *wir* Neuigkeiten bekommen?" fragte Frau Brande, deren Stimmung sich offensichtlich wieder belebt hatte.

„Kommen Sie und erzählen Sie uns, was in Shirani passiert ist."

„Wir sind alle voller *Vorfreude* auf den Junggesellenball; Es kommen jede Menge Leute", sagte Miss Valpy.

„Junggesellen, *hoffe ich* ?" warf Mr. Brande zügig ein.

"Ja; es soll am achten sein."

„Ich hoffe, dass unsere Kleider angekommen sind", sagte Honor besorgt.

„Ich glaube, ich kann Sie entlasten", entgegnete Frau Sladen; „Auf der hinteren Veranda steht eine große Kiste mit neuen Angeboten, die *sehr* nach Kleidern aussieht. Aber die arme Frau Curtice! Der Karren, der ihre Kisten heraufbrachte, fuhr über die kaputte Brücke ins Flussbett, und alle ihre neuen Kleider sind in einem Zustand von Brei!"

„Wer ist Frau Curtice?" fragte Honor. „Ein Neuankömmling?"

"Ja; „Eine ältere, jüngere, stämmige Person", antwortete Miss Yalpy. „Sie erinnert mich genau an einen alten Java-Spatz! Sie würde gleich aussehen, egal was sie trug."

Mr. Brande, der einzige anwesende Herr, hob sein Brillenglas und blickte die junge Dame nachdenklich an.

„Noch mehr Neuigkeiten?" fuhr seine unersättliche Frau fort.

„Man sagt, dass Captain Waring oben in Simla mit Miss Potter verlobt ist. Bereitet Ihnen das Schmerzen, Herr?"

„Ja, das tut Miss Potter weh", erwiderte sie. „Ich kann Captain Waring nicht ertragen."

"Ach, warum nicht? Die meisten Menschen sind ihm gegenüber langmütig!"

„Ich hasse einen Mann, der mir, wenn er mit mir redet, ab und zu metaphorisch einen Schlag unters Kinn gibt."

Mr. Brande richtete sein Auge nun ernst auf seine Nichte.

„Ich verstehe, was du meinst, Liebes. Ich bin mir sicher, dass er sich nach allem, was ich über Sie weiß, nie eine zweite Freiheit genommen hat. Sir Gloster ist zurückgekommen."

Hier zeigte Frau Brande Anzeichen erhöhter Aufmerksamkeit.

„Er ist schneeblind. Er ging zum Gletscher."

„Es scheint, als sei er erst vor Kurzem weggegangen", bemerkte Frau Brande.

„Ja, gleich nach dem Hungerpicknick", ergänzte Honor.

„Davon wird jetzt alles veraltet sein!" rief ihre Tante gereizt aus. „Und ist er in Shirani begraben?"

"Ja; Mrs. Langrishe hat ihn zum Pflegen aufgenommen."

"Frau. Langrishe! So etwas hat sie in ihrem ganzen Leben noch nie gemacht", rief Frau Brande, „und außerdem hat sie keinen Platz."

„Oh, sie hat es erfunden; Sie hat ihm die Garderobe von Major Langrishe gegeben und ihn in den Club geschickt.

"Nun, ich nie!" keuchte ihr Zuhörer.

„Sehen Sie", fuhr Frau Paul fort und lachte über das Gesicht ihrer Gastgeberin, „die Kraft Ihres guten Beispiels."

„Vorbildkraft! Ich nenne es die Kraft, ein Baron zu sein. Und haben Sie etwas von Mark Jervis gesehen?"

"Ja; er und einige der Scorpions. Captain Scrope und Mr. Rawson planen eine Schnitzeljagd. Ich bin sicher, dass er bald hier sein wird", fügte Frau Sladen hinzu. „Er ist Mitglied dieses Ballkomitees und äußerst energisch. Hier ist er", als Jervis und zwei Offiziere leicht bespritzt auf die Veranda galoppierten.

„Willkommen zurück", sagte er und stieg ab. „Nein, nein, danke; Ich werde nicht reinkommen, jedenfalls nicht weiter als bis zur Matte. Wir sind durch Moore und Flüsse gegangen und befinden uns in einem schmutzigen Zustand."

"Egal; Es ist nur die Veranda! Kommen Sie doch herein", sagte Mrs. Brande leichtsinnig.

„Aber es stört mich sehr; und außerdem", lachend, „gibt es nichts, was einem einen so schlechten Eindruck macht wie schmutzige Stiefel."

„Ich dachte, du wärst es gewohnt, dich billig zu fühlen", sagte Honor in einer spielerischen Anspielung auf seinen Spitznamen.

„Nein", er warf seinem Pferd die Zügel zu und stieg die Stufen hinauf, „ich bin viel lieber lieb . "

„Lieber – um jeden Preis!" rief Miss Valpy, die, anstatt mit Captain Scrope zu plaudern, ihre Aufmerksamkeit Mr. Jervis schenkte.

„Lieber um *jeden* Preis", mit Nachdruck. „Wie hat Ihnen die Inneneinrichtung gefallen?" wendet sich an Honor.

„Es war herrlich."

„Irgendwelche Abenteuer dieses Mal? Irgendwelche Büffel, Mrs. Brande?"

„Nein, Gott sei Dank, denn ich habe die gleichen elenden Jampannis."

„Und Sie, Miss Gordon? Hattest du keine Abenteuer?"

Miss Gordon errötete lebhaft und murmelte eine unhörbare Antwort, während sie absichtlich den Teewärmer über die Zuckerdose stellte. Er erinnerte sich lange danach an diesen kleinen Vorfall und erkannte dann seine Bedeutung.

„Hier wartet Scrope auf eine Tasse Tee nach seinem anstrengenden Tag", sagte er, drehte plötzlich das Thema um und klopfte Captain Scrope auf seine feste Schulter. „Scrope verschwimmt vor lauter Arbeit, Arbeit, Arbeit." Er und Captain Scrope waren begeisterte Künstlerkollegen und Schlägerspieler.

„Ja, das ist eine Tatsache; Es sind nichts weiter als Schulen und Klassen, Übungen und das Zeichnen von Karten. „Die Armee ist nicht mehr das, was sie war", bemerkte Kapitän Scrope, ein rundgesichtiger, beleibter Mensch mit fröhlichem Gesicht. „Wir haben Garnisonsklassen, Signalklassen, Musketenklassen; Aber der abscheulichste Kurs, den ich je besucht habe, ist der Fleischkurs! Als ich in den Dienst kam, habe ich mit so etwas nie gerechnet …"

„Womit *hast* du verhandelt? Was möchtest du? Nennen Sie es bitte?" drängte Miss Valpy.

„Nun, da Sie mich fragen, eine nette Gentleman-Parade einmal in der Woche würde *meiner* Meinung nach alle Anforderungen erfüllen."

„Wie gemäßigt!" rief sie sarkastisch aus. „War jemand beim armen Sir Gloster? Es muss so langweilig für ihn sein, den ganzen Tag mit verbundenen Augen zu sitzen."

„Ja, ich habe gestern vorbeigeschaut, er war ziemlich fröhlich und gesprächig."

"Unsinn! Worüber hat er gesprochen?"

„Na ja – hauptsächlich er selbst."

„Eher ein trockenes Thema", murmelte Jervis *mit leiser Stimme* .

Kapitän Scrope lachte.

„Er ist keineswegs so langweilig, wie Sie denken", entgegnete er bedeutungsvoll.

"NEIN; „Fräulein Paske ist ein sympathisches kleines Geschöpf und hat eine angenehme Stimme", bemerkte Fräulein Valpy und zog satirisch die Lippen zusammen. „Übrigens kam Ihnen Sir Gloster mit seinen pausbäckigen Wangen und verbundenen Augen nicht wie eine groteske Kopie des Gottes Amor vor?"

„Um die unsterbliche Frau Gamp zu zitieren: Ich glaube nicht, dass es jemals eine solche Person gab. Stimmt das, Jervis?"

"Herr. „Jervis wird Ihnen nicht zustimmen", entgegnete Miss Valpy und musterte ihn kritisch. Was für aufrichtige Augen er hatte – Augen nur für Honor Gordon – und in der Rundung dieses wohlgeformten Kinns und Kiefers lag eine wunderbare Menge schlummernder Kraft.

„Ich bin kein grober Ketzer wie Kapitän Scrope, aber ich kann nicht sagen, dass ich ihn jemals persönlich kennengelernt habe."

"NEIN!" rief Fräulein Valpy mit einem leicht ungläubigen Blick. „Dann glaube ich nicht, dass Sie *lange* warten müssen."

Miss Valpys scharfe Augen und ihre Zunge waren in ganz Shirani berüchtigt. Jervis musterte sie mit einem Ausdruck kühler, höflicher Prüfung, während er mit einer Lässigkeit antwortete, die kaum zu vermitteln ist:

„Möglicherweise nicht – man sagt, alles kommt zu denen, die warten."

„Und wie geht es Sweet? unsere eigene Wahl, besonders süß?" fragte Herr Brande, während er seine Tasse abstellte und sich an Kapitän Scrope wandte. „Ich sehne mich nach Neuigkeiten über den kleinen Schatz."

„Das hübsche Kind macht sich immer noch bei allen beliebt! Alle unsere besonderen Skelette werden weiterhin ans Tageslicht gezerrt. Ihre letzte Leistung bestand darin, Mrs. Turner zu fragen, wo ihr zweites Gesicht sei, da Mr. Glover sagte, sie hätte *zwei*! Ich wünschte, jemand würde deinen kleinen Schatz nach Hause bringen! So arm ich auch bin, würde ich gerne zu ihrer Überfahrt beitragen."

„Apropos Heimschicken", sagte Frau Paul, „unsere Spendensammlung für diese arme Witwe und ihre Kinder kommt prächtig voran; wir haben fast zweitausend Rupien; Ich muss sagen, dass die Anglo-Inder sehr liberal sind und *niemals* ein taubes Ohr für eine wohltätige Organisation haben, die es verdient."

„Das liegt wahrscheinlich daran, dass sie sich durch das edle Beispiel, das ihnen die Eingeborenen gegeben haben, dazu schämen", bemerkte Herr Brande. „Ein Mann hier draußen wird sein letztes Chuppatty und sein letztes Stück mit seinen Verwandten teilen – dank der Tatsache, dass die Wohlhabenden alle ihre bedürftigen Verwandten unterstützen; wir haben keine schlechten Tarife."

„In Shirani gibt es eine auf mysteriöse Weise wohltätige Person", fuhr Frau Paul fort, „die Herbert wiederholt anonym fünfzig Rupien in Banknoten geschickt hat. Wir können nicht erraten, wer das ist?"

"Er? warum sollte sie es nicht sein *?* " fragte Miss Valpy kämpferisch.

„Die Schrift liegt in der Hand eines Mannes, und die Notizen werden sowieso hineingestopft – sie sind jedoch äußerst willkommen – sie kommen immer dann, wenn sie am meisten gebraucht werden. Es ist jemand, der seit März hier ist."

„Nein, nein, Frau Paul; Sie brauchen *mich* nicht anzusehen ", rief Kapitän Scrope mit einer abfälligen Geste; „Ich bin selbst ein Objekt der Nächstenliebe."

„Haben Sie keine Ahnung, haben Sie keine Vermutung gebildet?" fragte Herr Brande gerichtlich.

„Ich dachte, vielleicht Sir Gloster", begann sie.

"Oh!" unterbrach Miss Valpy hastig: „Ich kann Ihnen versichern, dass er über jeden Verdacht erhaben ist: Das Einzige an ihm, das *nicht* groß ist – ist sein Herz." Es ist viel wahrscheinlicher, dass es sich um eines der gegenwärtigen Gesellschaft handelt", und ihr lächelnder Blick wanderte von Mr. Brande zu Honor, von Honor zu Mr. Rawson, von Mr. Rawson zu Mr. Jervis.

Sein Gesicht war entschlossen nach unten gebeugt, er spielte mit „Jacko" (dem Freund des verstorbenen Ben, der Rookwood nun mit einem Großteil seiner Gesellschaft ehrte), und alles, was sie prüfen konnte, war ein Schopf braunen Haares und ein gepflegter Kopf Abschied. Dann wurde der Kopf erhoben. Sie blickte ihm direkt in die Augen. Ja, er wirkte unbestreitbar verlegen, um nicht zu sagen schuldig, als er versuchte, ihrem forschenden Blick auszuweichen.

„Der Schuldige ist Mr. Jervis!" verkündete sie mit einer Miene ruhiger Überzeugung.

Bei dieser Ankündigung ertönte schallendes Gelächter, sogar Mrs. Paul und Mrs. Sladen lächelten. Jervis, der Mittellose, der Anspruchslose, der unbezahlte Reisebegleiter, er nannte sich „der arme Verwandte"! Miss Valpys Schüsse trafen im Allgemeinen einen Teil ihres Ziels, aber dieser Schuss ging weit daneben. Und nun drehte sich das Gespräch um den folgenden Ball. Über Dekorationen wurde eifrig diskutiert. Sollte der Tanzsaal in Rosa gehalten werden oder sollten die Männer Sakkos tragen? Hatten Junggesellen besondere Farben oder wären die Farben des Shirani-Gymkana geeignet? Sollten sie die Farben des beliebtesten Junggesellen wählen – das war Mr. Brandes Vorschlag – oder jeden der fünfzig Gastgeber einen kleinen Teil des Zimmers nach seinen eigenen Vorstellungen gestalten lassen? Über diesem Zungengewirr hörte man Jervis' klare Stimme sagen:

„Beachten Sie, Herr Brande, dass ich Ihre Sofas und Sessel sauber fegen werde. Ich habe mir auch Ihre neue Stehlampe notiert. Wir brauchen ein Cheval-Glas –"

Frau Brande strahlte. Sie mochte es, wenn sich Leute ihre Sachen ausliehen. Sie hätte ihrem Jungen Mark ihr bestes rosafarbenes Satinkleid und ihren Federkopfschmuck geliehen, wenn sie ihm auch nur den geringsten Nutzen gebracht hätten.

Plötzlich löste sich die Party auf, und die Besucher zogen wie üblich *in Scharen ab*.

Mr. Jervis half Miss Valpy auf ihrem Pony, und als er ihren Fuß sorgfältig im Steigbügel arrangierte und ihr die Zügel gab, blickte er auf und ihre Blicke trafen sich.

„Vielen Dank", war alles, was sie zu ihm sagte. Zu sich selbst: „Aha! mein guter junger Mann, ich kenne *zwei* deiner Geheimnisse!"

KAPITEL XXVIII.
DER CLUB IST DEKORIERT.

Der Junggesellenball sollte der Tanz der Saison sein und in einem Stil durchgeführt werden, der allen künftigen Konkurrenten zum Trotz standhalten würde, denn der junge Jervis – der im Komitee eine ganz führende Rolle spielte – hatte unerwartet großartige Ideen entwickelt und ordnete die Dinge rechts und links, als wären die Gastgeber so viele Millionäre. Die Hälfte des Abendessens – zumindest alles Köstliche oder Seltene, das eine Reise wagen konnte – sollte von Pelitis aus verschickt werden. Der geschmeichelten Gemeinde schien es, als würde das Indische Reich von Kalkutta bis Bombay geplündert, um sie angemessen zu unterhalten. Gruppen von Kulis mühten sich mit Palmen aus dem heißen Tiefland ab, ein Dutzend Paharis suchten in den Hügeln nach Orchideen, es gab Wild aus dem Terai, Pasteten und französische Süßigkeiten aus der Stadt der Paläste und Fische, die ihren letzten Spritzer ausgeführt hatten im Golf von Bengalen.

Dr. Loyd nickte im Raucherzimmer des Clubs über seiner Zeitung und bemerkte: „Er nahm an, dass alles so war, wie es sein sollte, und wirklich *Fin de Siècle* !"

Zu dem der Herr. P. Brande vom Rand des *Calcutta Journal* antwortete:

„Puh! *Fin de Siècle!* Welches *Jahrhundert* ? Wir alle wissen, dass die Römer ihre Austern aus Cornwall, ihren Kaviar aus dem Kaspischen Meer bezogen, wir kopieren sie nur in unserem sogenannten modernen Capua."

„Ja", antwortete Dr. Loyd lachend, „Sie haben Recht; unser luxuriöser Geschmack ist Jahrhunderte alt; Aber wir haben auch auf andere Weise Fortschritte gemacht. Wissenschaft zum Beispiel. Es gab großartige Entdeckungen."

„Die meisten davon sind Verstöße gegen alte chinesische und ägyptische Patente."

„Wollen Sie damit sagen, dass wir nicht weitergekommen sind?" forderte der andere und legte absichtlich seine Arbeit nieder.

„Ja", gab Herr Brande zu; „Wir haben Telefone, Nähmaschinen, Fahrräder, Telegramme; Ich bezweifle, dass sie uns glücklicher gemacht haben als unsere Vorfahren. Frauen haben Fortschritte gemacht – das ist sicher. Vor einem Jahrhundert waren sie damit zufrieden, an einem Ort zu leben, und zwar in einem Zustand träger Unwissenheit – sie waren davon überzeugt, dass ihr *Metier* darin bestand, zu Hause zu sitzen und zu kochen und zu nähen. Jetzt haben wir *das alles geändert* . „Ich lese einen Artikel einer Frau“, tippe auf die Seite, „der erstaunlich brillant, klar und gewagt ist.“

„Oh, sie sind *mutig* genug – Narren stürmen herein, wissen Sie.“

„Das heißt, wir sind Engel! „Danke, Loyd“, erwiderte Mr. Brande mit seinem trockenen, kleinen Lachen. „Dieser Artikel liegt ganz in Ihrem Sinne. Das Thema ist die Vererbung, die brennende Frage des Tages und der Stunde. Wie erbarmungslos ist diese Vererbung“, fuhr er fort, nahm seinen *Zwicker ab* und lehnte sich tief in seinem Stuhl zurück – „das einzig sichere und unfehlbare Vermächtnis! Seltsam, wie eine Stimme, ein Trick, ein Geschmack, die Form eines Gesichtszuges oder eines Fingers weitergegeben werden, ebenso wie seelenzersetzende Laster, körperliche Krankheiten und Missbildungen. Sogar Tiere –“

„Ja, ja“, ungeduldig, „du wirst mir von dem Welpen erzählen, der zeigt, sobald seine Augen geöffnet sind. Ich weiß alles, was gesagt wurde. Natürlich sehen wir in unserem Beruf sehr viel von der einen Seite.“

„Ich wünschte, die Vorliebe fürs Kochen wäre in der Familie meiner Frau weitergegeben worden“, rief Oberst Sladen und stürzte sich plötzlich kopfüber in das Gespräch. „Ich sage ihr, dass sie mich noch vergiften wird, und zwar genauso wirksam, als wäre sie Lucrezia Borgia.“

„Mich wundert nur, dass sie es nicht schon längst getan hat“, murmelte ein Umstehender.

„Was hast du denn über den Fortschritt der Frauen gesagt, nicht wahr, Brande? „Das ist der größte Mist und Unsinn, dieses Gekritzel und Prosa über die Gleichberechtigung der Geschlechter“, tobte Colonel Sladen und richtete sich auf dem Kaminvorleger auf. „Frauen müssen an ihrem richtigen Platz bleiben – ihre Sphäre ist das Zuhause, das Kinderzimmer und die Küche.“

Schreie von „Oh! Oh!" von mehreren jungen Männern, angezogen von einer bekannten krassen Bassstimme.

„Ja, ich sage“, ermutigt von seinem Publikum, „dass dieser wachsenden Unabhängigkeit Einhalt geboten werden sollte, und zwar sofort.“ Frauen drängen an unsere Stelle – Ärztinnen, Dekorateurinnen, Mitglieder von Schulbehörden, Seniorenstreiterinnen, Journalistinnen. Ich weiß nicht, *was* sie als nächstes wollen werden.“

„Dann werde ich Sie gerne aufklären“, erwiderte eine klare, hohe Stimme von der Tür, und da stand Miss Valpy in ihrem männlichsten Mantel, der Tattersall-Weste und dem Matrosenhut, an der Spitze einer Schar anderer Damen. „Tut mir leid, Sie zu stören, meine Herren, aber wir *wollen* dieses Zimmer.“

Colonel Sladen schnaufte und starrte ihn an, im Moment sprachlos.

„Erlauben Sie mir, Ihnen das Dekorationskomitee für den Ball vorzustellen", fuhr dieser mutige junge Mensch fort. „Die Sekretärin hat uns den Club für zwei Tage überlassen. Wir haben *einen Freibrief* und dürfen keine Zeit verlieren. Jede Wohnung verfügt über eine eigene Anzahl an Arbeitnehmern. „Dieser stellt unseren Anteil dar", blickte er sich mit dem selbstgefälligen Blick eines Eigentümers um. „Natürlich muss es gründlich begast und belüftet werden; aber ich wage zu behaupten, dass es kein schlechtes Teezimmer sein wird."

„Wollen Sie damit sagen, dass wir rauskommen sollen?" fragte Oberst Sladen, „und unser Raucherzimmer für diesen Blödsinn aufzugeben?"

Abendessen wird es keinen Blödsinn geben ", erwiderte sie eindrucksvoll. „Ich wäre Ihnen wirklich sehr dankbar, wenn Sie" – er blickte sich um und sprach mit Autorität – „alles klären würden."

„Dann müssen wir wohl auf den Kartenraum zurückgreifen", knurrte Colonel Sladen, nicht unzufrieden darüber, dass er sich so einen frühen Spielzug sicherte.

„Oh, bitte, tu es nicht!" mit einer abfälligen Geste: „Der Kartenraum ist bereits in der Hand; es soll die Damengarderobe sein."

Oberst Sladen konnte sich mit großer Mühe zurückhalten, als er mit erstickter Stimme fragte:

„Und bitte, welche Vorkehrungen wurden für Whist getroffen?"

„Oh, den Kartenspielern reicht ein Zelt!" war die verächtliche Antwort.

„Von einem solchen Management habe ich noch nie gehört! *Ich* werde nicht zu diesem gesegneten Ball kommen!"

„Oh ja, das werden Sie", erwiderte Miss Valpy gelassen. Sie war bereits bei der Arbeit, sammelte und stapelte Zeitungen. „Denken Sie an die Garnelen und Pomphirs, die den ganzen Weg aus Bombay anreisen, und *wie* enttäuscht sie wären, Sie nicht zu sehen!"

„Ah, und die Agra-Schönheit, die auch erwartet wird – Miss Glossop; *Sie* wird euch alle rausschneiden! Hahaha!" erwiderte Oberst Sladen mit wütendem Jubel.

„Das sagen die Leute im Allgemeinen über ein Mädchen, das sie noch nie gesehen haben", erwiderte Miss Valpy und fegte kühl die Flüssigkeiten vom

Schornstein. „Jetzt habe *ich* sie gesehen. Es gibt zwanzig hübschere Gesichter in Shirani.“

„Einschließlich des Gesichts von Miss Valpy!“ mit wildem Sarkasmus.

„Es ist äußerst nett von Ihnen, das zu sagen“, und machte einen spöttischen Knicks, „und ausnahmsweise bin ich ganz Ihrer Meinung.“

Colonel Sladen konnte außer einigen unartikulierten emotionalen Geräuschen keine angemessene Erwiderung finden.

„Fanny“ – zu ihrer Schwester – „helfen Sie Mrs. Glover und Mrs. Bell. „Abdar“ – zu einem Diener – „bringt alle Stühle auf die Veranda und schickt die Kulis hinein, um den Tisch anzuheben.“

So wurde das Raucherzimmer gestürmt und seine rechtmäßigen Bewohner von kühnen, herrschsüchtigen und skrupellosen Frauen in alle Welt zerstreut. Es stimmte, dass jede Abteilung abgewiesen worden war; Die älteren Damen hatten den Speisesaal übernommen. Es sollte kleine Tische für vier Personen geben – eine ziemlich neuartige Abkehr; und am Tag des Balls gab es kaum noch einen kleinen Tisch in irgendeinem Privathaus in Shirani – die Junggesellen hatten sich jeden Tisch geliehen, ebenso wie Sessel, Teppiche und Vorhänge. Als Antwort auf die Forderungen von Mrs. Brandes „Junge“ Mark wurde Rookwood fast gefegt und geschmückt. Mrs. Langrishe hatte sich aus vorsichtiger Natur geweigert, einen einzigen Stuhl oder Kerzenständer zu leihen. Es hätte einen Präzedenzfall geschaffen. Sie war jedoch so freundlich, ihre Nichte zu verschonen, die bewies, dass sie hart arbeiten, dekorieren und Blumen arrangieren konnte, wann immer es ihr gefiel, und voller kluger Mittel war. Sie und Toby Joy leiteten die Gestaltung der langen Veranden und unterteilten sie mit Paravents, Palmen und Sofas, hängten Lampen, Fahnen und Vorhänge auf und planten mit merkwürdig sympathischen Details und sorgfältiger Sorgfalt eine Reihe von Sitzecken. Ihr fröhliches Gelächter drang fortwährend bis in den Ballsaal, wo eine große Gruppe mit Hilfe von Leitern, Hämmern und Nägeln die Wände kilometerweit mit Basar-Musselin behängte. Jede Abteilung hatte ihr eigenes Spezialpersonal, das nach ihrem gemeinsamen Geschmack und in freundschaftlicher Rivalität mit ihren Nachbarn verschönerte.

Eine Arbeitergruppe besuchte eine andere, um ihre Meinung und Ermutigung zu äußern, und die meisten jungen Leute freuten sich über die Dekorationen genauso wie über das großartige Ergebnis – den Ball selbst.

Honor, Mrs. Sladen und ein halbes Dutzend Männer und Mädchen wurden in den Empfangsräumen und im Kartenzelt postiert, und seltsamerweise teilten sich Honor und Mark Jervis denselben Hammer und denselben Beutel mit Nägeln. Die persönliche Geschichte hat ihre Epochen: kurze Abschnitte, in denen das Leben voller ist als gewöhnlich. Noch nie schien das Leben dieser beiden jungen Menschen so reich an angenehmen Ereignissen zu sein wie jetzt!

Miss Valpy, die tapfere Anführerin der verlassenen Hoffnung, die das Rauchzimmer stürmte, ruhte sich von ihrer Arbeit aus. Das Mittagessen für die Arbeiter sollte im *Freien* auf der hinteren Veranda serviert werden . Währenddessen ruhte sie in einem Aussichtspunkt, eine interessierte und luchsäugige Zuschauerin. Sie ruhte nicht allein; Ihr Begleiter, Mr. Skeggs – der junge Mann, der einen jungen Mann als Belohnung für sich betrachtete – räkelte sich träge neben ihr.

Er hatte ein wenig Angst vor Miss Valpy, ihre scharfe Zunge drang gelegentlich in die Nashornhaut seiner Einbildung ein. Aber irgendwie hatten die anderen Mädchen seine Hilfe nicht ermutigt, die – um die Wahrheit zu sagen – hauptsächlich darin bestanden hatte, Pakete mit Reißnägeln auf den Boden zu werfen und unhöfliche Kritik zu üben.

„Das sollte ein toller Ball sein", bemerkte der Jugendliche selbstgefällig. „Schrecklich gut gemacht. Einige von ihnen arbeiten wie Nigger." Und er grinste wie ein Schuljunge.

anderer Menschen großzügig würdigen ", erwiderte die junge Dame streng.

„Ah, nun, ja" – er streichelte seinen überaus schwachen Schnurrbart. „Ich sage, ich frage mich, wer heute Abend die Schönheit sein wird? Wer ist Ihrer Meinung nach das hübscheste Mädchen in Shirani? Ich schließe die verheirateten Damen aus."

„Das *ist* etwas sehr Neues. Hübsches Mädchen", wiederholte sie spekulativ. „Nun, Miss Clover sieht am besten aus, ihre Gesichtszüge sind am korrektesten gezeichnet."

"Ja; Nur sieht sie immer so aus, als wäre sie so gekleidet, dass sie sitzen oder stehen und angestarrt werden kann, wie eine Wachsfigur mit der Aufschrift „Die Öffentlichkeit wird gebeten, sie nicht zu berühren." Man konnte sich nicht vorstellen, dass sie hart Tennis spielt, zu Jagdhunden reitet oder nassem Wetter trotzt."

„Nein" – sarkastisch – „Ich glaube, sie würde schlecht wegkommen."

„Miss Paske ist die lebhafteste von allen. Sie hat so ein pikantes, böses kleines Gesicht. Im Großen und Ganzen gebe ich ihr den Vorzug. Ich rede und tanze gerne mit ihr, aber ein *Tête-à-Tête* oder ein langer Spaziergang macht mir Spaß, denn sie ist genau die Art von Mädchen, die einem Kerl wie aus dem Nichts einen Heiratsantrag machen würde."

„Ich bin sicher, Sie brauchen sich nicht im geringsten zu beunruhigen oder zu fürchten, ihr eine Versuchung in den Weg zu legen", entgegnete Miss Valpy. „ *Sie* können ihre Gesellschaft ungestraft genießen. Sie würden überhaupt nicht zu ihr passen, da Sie weder reich, gutaussehend, klug noch durch irgendetwas anderes als eine enorme Einbildung bekannt sind; und die Unterhaltung, die es uns bereitet, ist Ihre *einzige* erlösende Eigenschaft."

Mr. Skeggs strich erneut über seinen kleinen Schnurrbart, blinzelte albern mit seinen weißen Wimpern und kicherte wie ein Mädchen.

„Zerquetscht – um nicht zu sagen zerquetscht", stöhnte er.

„Sie bewundern Miss Paske", fuhr die junge Dame verächtlich fort. „ *Genau* das, was ich von dir erwartet hätte! Nun darf sie meiner Meinung nach nicht in derselben Stunde wie Honor Gordon genannt werden. Was für schöne Augen sie hat!"

"Ja; Miss Gordon ist mit ihrer Geige und ihrer Figur kaum zu überbieten. Was ihre Augen betrifft – ich nehme an, sie haben *dich* noch nie verbrannt ? Sie ist zu distanziert; sie ist das Mädchen einer Frau. Um ehrlich zu sein, sie macht mir Angst."

„Armer schüchterner kleiner Soldat! Zweifellos meinst du, dass sie dir nie schmeichelt; und ich gebe zu, dass mir ihre ehrliche Offenheit manchmal den Atem raubt. Allerdings macht sie anderen Männern keine Angst – zum Beispiel", und sie hielt ausdrucksvoll inne, „Mr. Jervis."

"NEIN;" schürzt den Mund und zieht die Augenbrauen hoch. „Ich sollte nicht sagen, dass er vor ihr *zurückschreckte* . Und wer ist Ihrer Meinung nach der bestaussehendste Mann in Shirani, Miss Valpy? Dein Geschmack ist so kultiviert."

„Aktuelle Firma immer ausgenommen?" mit einem spöttischen Blick aus dem Augenwinkel.

Er nickte mit feierlicher Zustimmung.

"Herr. Jervis natürlich", war ihre spontane Meinung.

„Oh, komm – sage ich", entgegnete der Jugendliche.

„Ja, ich werde sagen, dass er äußerst gutaussehend ist; nicht mit dem großen Schnurrbart, der Hakennase, dem kühnen Räuberstil. Er hat eine edle Ausstrahlung; Die Form seines Kopfes, die Form seiner Gesichtszüge, der Ausdruck seiner Augen verkörpern meine Vorstellung von einem Helden."

"Ein Held!" rief ihr Zuhörer aus. „Toller Schotte! Schade, dass er keine Möglichkeit hat zu zeigen, aus welchem Holz er geschnitzt ist, außer alten Damen Büffel wegzuprügeln."

„Ja, es ist schade. Allerdings könnte seine Chance *noch kommen* . Umso bedauerlicher ist es, dass man niemals einen Mann einem anderen gegenüber loben kann."

„Nun", er streichelte nachdenklich sein Knie, „ich gebe zu, dass Jervis passabel ist und reinrassig aussieht –"

„Vielen Dank, das ist sehr nett von Ihnen. Fällt Ihnen nicht auf, dass er an einem altmodischen Gebrechen leidet und ausgesprochen schüchtern ist?"

"Schüchtern!" er hätte fast geschrien. „Jervis schüchtern? Hahaha!"

„Nun, er ist bei Damen."

„Oh, du kannst es nennen, wie *du* willst. Ich nenne es Sorgfalt. Scheu vor Männern ist er jedenfalls nicht. Keine Angst! Erst letzte Nacht im Club machte irgendein Kerl eine schäbige Bemerkung, und es war nicht unsere alte Sekretärin, die darauf losging, oder einer der alten Kerle, sondern Jervis. Bei George, er hat ihm Pfeffer gegeben. Er hat ihm eine Ohrfeige in die Kehle gegeben, mitsamt den Sporen. Ein Männermann, wissen Sie, und beliebt. Er kann ein gutes Lied singen, eine rasselnde gute Rede halten und ist so aktiv wie eine Katze; Sie sollten sehen, wie er rennt und stehend auf den Kaminsims des Billardzimmers springt.

„Was, Jervis? *Mein* Jervis?" in einem Ton affektierten Entsetzens.

"Hm! „Nun, ich bin mir nicht so sicher, ob er *Ihr* Jervis ist", sagte Mr. Skeggs gedehnt.

"NEIN; und ich bin absolut sicher, dass er es nicht in dem Sinne ist, den Sie meinen. Ich muss gestehen, dass ich ihn gerne studieren würde."

"Würdest du?" sarkastisch. „Sie werden es nicht leicht finden, ihn einzuordnen oder in eine der üblichen Schubladen zu stecken; Er ist ein Kerl, der die einzigartige Gabe der Selbstbeherrschung besitzt – er konsumiert seinen eigenen Rauch, wissen Sie."

„Warum hast du deinen großen Geist gebeugt und ihn selbst studiert! Als was stellen Sie ihn dar?"

„Ich stelle ihn als eine Kuriosität dar – eine Mischung aus einem arkadischen Hirten, einem Londoner Schätzchen und dem reichen jungen Mann aus der Bibel."

„Du überwältigst mich völlig, besonders durch deinen letzten Vergleich. Warum der reiche junge Mann in der Bibel?"

„Weil er alle Gebote hielt."

"Oh!" „Er muss eine ebenso wunderbare Rarität sein wie der große Alk", holte er tief Luft. Was einen arkadischen Hirten betrifft, verstehe ich, was Sie meinen. Er hat das, was jemand einen Geist außerhalb der Tür nennt. I hatte *nicht* . Ich würde Arkadien und grüne Grasnarben und bebänderte Krummstäbe und hüpfende Lämmer verabscheuen. Um Sie in ein totes, totes Geheimnis einzuweihen: Ich kann nie ein Lamm sehen, ohne an *Minzsauce zu denken* !"

"Scham! Scham!" rief Herr Skeggs in tragischem Ton aus. „Nun, Miss Gordon", fragte Honor, die sich ihrer Nische genähert hatte, „wie kommen Sie mit diesem großartigen Plan aus Spiegeln und Vorhängen zurecht?"

"Sehr schlecht. Es wäre längst fertig gewesen, nur ein paar prinzipienlose Leute aus dem Ballsaal hätten mich überfallen und mir beide Hämmer, alle meine Nadeln und zwei meiner besten Phoolcarries weggenommen. Wie nennt man das?" appelliert an Miss Valpy um Mitgefühl.

„Ich nenne es eine schreckliche Schande", sagte Toby Joy, der sich ihr angeschlossen hatte, und sprach mit großer tugendhafter Empörung – Toby, der selbst einer der dreistesten Räuber gewesen war.

„Ich nenne es Ehre unter Dieben", bemerkte Jervis, der zufällig vorbeikam.

Miss Valpy kümmerte sich aufmerksam um ihn. Nein, dieser junge Mann war keineswegs schüchtern.

„Ich habe unzählige schöne Kala-Juggas gemacht", fuhr Toby selbstgefällig fort; „Heute Abend müsste es ein halbes Dutzend Verabredungen geben", und er nickte mit dem Kopf und rieb sich verzückt die Hände.

„Ich dachte, Kala-Juggas wären nicht erlaubt", erwiderte Miss Valpy streng.

„Gute Männerfallen", knurrte Colonel Sladen, der gerade eingetroffen war, um Kritik zu üben und sich ein Mittagessen zu besorgen. „Aber Mädchen gehen nicht mehr so ab wie zu meiner Junggesellenzeit. Mädchen", blickte Miss Valpy eindringlich an, „sind eine Droge auf dem Markt."

„Es gibt noch eine andere Ansicht, die Ihnen vielleicht nicht in den Sinn gekommen ist", antwortete sie und schnappte sich den Handschuh, der ihr so ins Gesicht geworfen wurde. „Sie sind zweifellos *schwieriger* als damals, als *Sie* ein junger Mann waren. Sie haben vielleicht das gute alte Motto gehört: ‚Schau, bevor du springst!'"

Toby Joy kicherte hörbar, und Colonel Sladen drehte sich wütend zu ihm um und fragte: „Über was zum Teufel hat er da gelacht?"

Toby, leicht eingeschüchtert von den gerunzelten Brauen und dem grimmigen Auftreten des Bezirksrichters, antwortete höflich und mit einem frechen Augenzwinkern:

„Ich habe nur an etwas gedacht, was mir gerade gesagt wurde. Der englischsprachige Träger von Mrs. Tompkins teilte ihr heute mit, dass die Gans vier Junge hatte!"

Über dieses verblüffende Stück Naturgeschichte gab es schallendes Gelächter; aber Colonel Sladen war immer noch nicht zufrieden und hätte seine Frage erbarmungslos nachgefragt, wenn Mr. Skeggs nicht mit großer Geistesgegenwart geweint hätte:

„Da kommt Jervis zurück; was sagt er? Ah!" – mit einer Geste der Freude – „Mittagessen – Mittagessen – Mittagessen." Zeigt, dass er ein Außerirdischer ist, sonst wäre es ‚Tiffin – Tiffin – Tiffin' gewesen."

„Meine Damen und Herren", sagte Jervis und machte eine tiefe Verbeugung, „das Mittagessen erwartet Sie; und Mrs. Loyd bittet mich, Ihnen mitzuteilen, dass Sie, da Sie zum Arbeiten und nicht zum Spielen hier sind, nur zwanzig Minuten Zeit für Erfrischungen haben."

"Frau. „Loyd ist so schlimm wie ein East-End-Pullover", grummelte Mr. Skeggs und ließ Miss Yalpy von ihrem gemeinsamen Platz herunter.

„Sie können Mrs. Loyd von mir erzählen, dass ich in den acht Stunden keine Sekunde arbeiten werde", rief Toby; und indem sie Miss Paske seinen Arm reichten, tanzten sie durch den Ballsaal, „nur um es auf dem Boden zu versuchen."

„Beobachten Sie bitte", flüsterte Miss Yalpy, während sie und ihre Eskorte vor einem *erlesenen* kalten Mittagessen Platz nahmen, „wie der Mann Ihres Mannes, Mr. Jervis, darauf achtet, sich einen Platz neben dem Mädchen einer Frau zu sichern." Kannst du das erklären?"

„Nein", ergriff ein Paar Schnitzer, während er sprach. „Im Moment bevorzuge ich es, den Inhalt dieses äußerst interessant aussehenden erhöhten Kuchens zu erkunden."

KAPITEL XXIX.
MARK JERVIS IST UNMASKIERT.

Um neun Uhr – indische Bälle sind pünktlich und früh – waren viele Lichter zu sehen, die in alle Richtungen auf den Club zuliefen. Der älteste Bewohner erkannte es kaum wieder, es war völlig verwandelt und auf den Kopf gestellt. Die allgemeine Wirkung war überwältigend: Perserteppiche, prächtige Vorhänge, chinesische Laternen, japanische Paravents und große Palmen waren auf den Veranden reichlich vorhanden, und der Ballsaal war ein Glanz aus Kerzen, Spiegeln und rosa Musselin. Die Empfangsräume waren voller Mädchen und Männer, die mit Programmen und Bleistiften beschäftigt waren.

Unter den Mädchen wurde niemand so stark belagert wie Honor Gordon. Sie sah ganz hübsch aus, in einem neuen weißen Ballkleid, mit einem Diamantstern zwischen ihren dunklen Locken (Onkel Pelhams Geburtstagsgeschenk). Was Mrs. Brande in einem schwarzen Kleid betrifft, so hatte noch nie jemand sie so vornehm gekleidet gesehen. Sie war sowohl hübsch als auch würdevoll in ihrem Samt und den Diamanten, ganz anders als ihre üblichen zweifarbigen „Reach-me-Down"-Kostüme. Honor hatte das Kostüm komponiert, und es machte ihr alle Ehre.

Der Tanz begann mit der ganzen Dynamik und Lebhaftigkeit eines Hügelballs. Es gab keine faulen, herumlungernden Männer in den Türen und nur wenige Mauerblümchen; außerdem gab es viele neue Gesichter und nicht wenige hübsche neue Kleider. Es würde ein glänzender Erfolg werden.

„Ich bin für sechs Saisons nach Shirani gekommen", sagte Mrs. Brande zu Mark (sie saßen beim Tanzen), „und ich sollte den Club gut kennen. Aber ich gebe Ihnen mein Wort, ich weiß nicht, in welchem Raum ich bin!" (Ein höheres Kompliment war unmöglich.) „So etwas habe ich noch nie gesehen! Woher kamen Sie auf so großartige Ideen? und solche extravaganten Vorstellungen, nicht wahr? denn ich kann sagen, dass *du* diesen Ball geschafft hast."

Mark lachte ziemlich verhalten und gab keine Antwort.

„Ich habe gehört, dass Ihre Cousine mit Miss Potter verlobt ist?" fuhr die Dame fort.

„Das wurde mir gesagt – aber nicht von ihm selbst. Ich habe eher erwartet, dass er heute Abend hier ist.

„Geld gegen Geld, natürlich", fuhr die Oberin unzufrieden fort; „Und Armut heiratet Armut. Da ist Honor – sie hat solche Angst davor, was die Leute denken könnten, dass sie kaum höflich zu jemandem ist, der einen Penny über seinem Gehalt hat. Gegenüber Sir Gloster und Captain Waring ist sie völlig distanziert. Sie wird natürlich einen Armen heiraten, wenn sie jemals heiratet, und arm und stolz sein, bis sie ins Grab geht!"

Marks Augen folgten dem liebevollen Blick von Frau Brande und ruhten auf einer strahlenden Vision mit lachenden Augen, die sich bemühte, einen Streit zwischen zwei Partnern zu schlichten. Sie machte im Moment nicht den Eindruck, arm oder stolz zu sein.

Ja, der Tanz verlief großartig. Den Neuankömmlingen wurden alle Partner zur Seite gestellt; die Erfrischungen waren perfekt; Es war nicht zu viel Salz im Eis und Zucker in der Tasse. Die Arrangements für den Auftakt wurden sehr geschätzt, und die hervorragende Band war für einen Mann nüchtern.

Einer der Fremden hatte mit Honor Gordon Walzer getanzt; Er war ein lebhafter junger Kerl, der eines Tages etwas Besonderes sein würde und die Welt als einen ersten Schritt betrachtete. Er hielt die Augen offen, trug ein Notizbuch und war nach Shirani gelaufen, um seinen Bruder zu besuchen und Statistiken und Lokalkolorit zu sammeln. Als sie anhielten, keuchte er ziemlich atemlos:

„Du hast also diesen Jervis hier?" nickte dorthin, wo er stand, genau gegenüber. „Jervis, der Millionär, wie du natürlich weißt?"

"Ach nein; es ist sein Cousin, Captain Waring, der diesen Namen trägt."

„Er machte auf jeden Fall diesen Eindruck in Simla und wollte sich aufgrund dessen mit einer Erbin verloben; aber ich habe seinem Spiel ein Ende gemacht", sagte der kleine Mann selbstgefällig.

" *Du* machtest! Und darf ich fragen, warum?" betrachtete ihn mit großem Erstaunen.

"Warum? Warum sollte ich einen Betrüger nicht entlarven?"

„Ich denke, wir müssen uns im Klaren sein und von verschiedenen Leuten sprechen", sagte die junge Dame ziemlich steif.

"Ich denke nicht; aber darauf können wir später noch eingehen. Lassen Sie uns diesen großartigen Walzer nicht verlieren."

Als sie noch zweimal durch den Raum gegangen waren, blieben sie stehen und er begann plötzlich wieder:

„Waring hat keinen Penny, mit dem er sich segnen könnte. Nichts als Schulden. Er verließ die Rutlands als ruinierter Mann, ruiniert durch seine eigene Torheit."

„Und Mr. Jervis?"

„Ist der reiche junge Mann", erwiderte er eindrucksvoll.

Die Ungläubigkeit seiner Begleiterin spiegelte sich so deutlich in ihrem Gesicht wider, dass er hinzufügte:

„Ja, ich mache keine Witze. Der gutaussehende junge Kerl da drüben, in der Nähe der Tür, der mit dem Mädchen in Rosa spricht. Ich war letzten Oktober mit ihm an Bord eines Schiffes. Er und Waring wollten eine Tour machen – Waring war eine Art Begleiter und vornehmer Kurier. Ich muss sagen, dass der junge Mann von vielen Snobs beschämt wurde, die ihn für einen zweiten Grafen von Monte Christo hielten. Er ist in Wirklichkeit der Adoptivsohn eines reichen Stadtmenschen namens Pollitt – Pollitts Gerste, wissen Sie", mit einem erklärenden Nicken – „und er wird wahrscheinlich ein riesiges Vermögen haben. Er liebt von Natur aus ein ruhiges Leben und scheint jede Zurschaustellung oder Zurschaustellung zu verabscheuen. Einige der Frauen zwangen ihn, den ganzen Tag im Raucherzimmer zu sitzen. Sie begleiteten ihn vor und zurück und sogar bis in den Maschinenraum. Denn Sie sehen, er ist ein gutaussehender, Gentleman-Junge; nichts von dem Geflügelkorn an ihm, oder?"

Honor fühlte sich wie in einem Traum; Ihr Kopf drehte sich. Alle ihre Vorstellungen über die Stellung der beiden Cousins wurden dadurch plötzlich ins Gegenteil verkehrt. Die Nachricht war tatsächlich eine Offenbarung und äußerst schwer zu realisieren.

„Ich nehme an, dass du es *ganz* ernst meinst", stockte sie schließlich. „Aber wissen Sie, dass Captain Waring und Mr. Jervis wochenlang zusammen hier waren und keiner von ihnen uns jemals einen Hinweis auf Ihre Version der Geschichte gegeben hat? Es war Captain Waring, der Pläne machte, Gäste bewirtete und Geld verschwendete …"

„Ja, da war er immer ein erstklassiges Händchen! Er hat Jervis' Geld ausgegeben, das versichere ich Ihnen. Jervis hielt sich zurück, um ein ruhiges Leben zu führen; er hat keinen teuren Geschmack. Aber es war alles eine Pflanze!"

„Dann, wenn das, was Sie mir sagen, richtig ist, denke ich, dass *ich* es einen beschämenden Schwindel nennen sollte", sagte die junge Dame, die sich innerlich unter dem Schmerz vieler Erinnerungen krümmte. „Es war eine abscheuliche Täuschung von Mr. Jervis."

„Hat er Ihnen oder irgendjemandem jemals gesagt, dass er arm ist?"

"NEIN!" gab sie widerwillig zu. „Ich kann nicht sagen, dass er es getan hat; aber er spielte die Rolle, die egal war."

„Ah, meine liebe Miss Gordon, Sie haben sicherlich schon oft gehört, dass der Schein trügt. Offenbar scheint es Sie ziemlich zu ärgern, dass Jervis ein sehr reicher Mann ist."

„Das bin ich", erwiderte sie mit unbeschreiblicher Würde.

„Dein Geisteszustand ist köstlich einzigartig! Wie wäre es gewesen, wenn er vorgetäuscht hätte, reich zu sein, und sich dann als Bettler entpuppt hätte?" Und er musterte sie mit irritierender Ruhe.

„Er hat uns alle aufgenommen; Es war schade von ihm! Und wenn er so reich *ist*, was kann ihn dann in Shirani aufgehalten haben? Er ist seit mehr als zwei Monaten hier und scheint eine feste Größe zu sein. Er kam im April und hat den Bahnhof keinen Tag lang verlassen. Jeder dachte, es läge daran, dass er es sich nicht leisten könne, umherzuziehen . Was bedeutet das?" und sie ihrerseits musterte ihn mit forschenden Augen.

"Ah!" mit einem Lachen: „Dieses Rätsel ist mir völlig unverständlich; Aber ich denke, wenn Sie sich an eine *junge Dame in Shirani* wenden würden , könnte sie die Frage beantworten. Darf ich seine jetzige Partnerin vorschlagen, das Mädchen in Rosa?"

ENDE VON BAND. II.